谨以此书向我国全面建成小康社会献礼

凤凰县 · 湖南

走向世界的国家历史文化名城——凤凰县夜景

凤凰县禾库镇易地扶贫搬迁安置区

古浪县 · 甘肃

古浪印象

甘肃的丝路要塞、红色基地——古浪县夜景

花垣县·湖南

精准扶贫首倡地花垣县的湖光山色

花垣县农业园区

宽甸县·辽宁

宽甸县黄椅山玄武湖美景

宽甸县青山湖的碧水蓝天

乐亭县·河北

高质量发展中的李大钊故乡——乐亭县

李大钊故居和纪念馆

浏阳市 · 湖南

风景如画的浏阳河

“一河诗画，满城烟花”的浏阳盛景

平坝区迎宾大道

全国“改革开放 40 年地方改革创新 40 案例”之一平坝区塘约村

普定县·贵州

山水秀美、文化深厚的活力之城——普定县

“普天之下，幸福安定”——普定风光

青河县·新疆

美丽的青河县城

青河县热情好客、载歌载舞的哈萨克族居民

鄞州区 · 浙江

文明古邑展新姿——鄞州区

鄞州宜居幸福的家园

紫云县 · 贵州

“紫气东来，云蒸霞蔚”——紫云县

新时代幸福的紫云人

前行小康路

孟有新◎主编

中国财富出版社有限公司

图书在版编目（CIP）数据

前行小康路 / 孟有新主编 . — 北京：中国财富出版社有限公司，2021.11
ISBN 978 - 7 - 5047 - 7569 - 6

Ⅰ . ①前… Ⅱ . ①孟… Ⅲ . ①小康建设—研究—中国 Ⅳ . ① F124.7

中国版本图书馆 CIP 数据核字（2021）第 222403 号

策划编辑 朱亚宁　**责任编辑** 孙　勃
责任印制 梁　凡　**责任校对** 卓闪闪　**责任发行** 杨恩磊

出版发行 中国财富出版社有限公司
社　　址 北京市丰台区南四环西路 188 号 5 区 20 楼　**邮政编码** 100070
电　　话 010 - 52227588 转 2098（发行部）　010 - 52227588 转 321（总编室）
010 - 52227566（24 小时读者服务）　010 - 52227588 转 305（质检部）
网　　址 http://www.cfpress.com.cn　**排　　版** 宝蕾元
经　　销 新华书店　**印　　刷** 宝蕾元仁浩（天津）印刷有限公司
书　　号 ISBN 978 - 7 - 5047 - 7569 - 6/F · 3368
开　　本 787mm × 1092mm　1/16　**版　　次** 2021 年 12 月第 1 版
印　　张 12　**彩　　插** 1.5　**印　　次** 2021 年 12 月第 1 次印刷
字　　数 246 千字　**定　　价** 385.00 元

前言

为庆祝我国全面建成小康社会，鼓足干劲，奋力争先，脱贫攻坚，共圆小康梦，中国小康建设研究会联合北京市同创党建发展中心在全国范围内征集了部分产业兴旺、生态宜居、乡风文明、治理有效、文化繁荣的县域单位，编著成《前行小康路》一书。本书以点带面地介绍了我国基层县域单位在全面小康建设进程中的优秀经验和先进做法，展示了我国全面小康建设取得的巨大成就，为我国全面建成小康社会献礼。

《前行小康路》一书由中国小康建设研究会与北京市同创党建发展中心联合出品。本书共收录了河北省乐亭县、浙江省鄞州区、湖南省花垣县等十一个县域单位，介绍了这些地区在全面推进小康建设进程中取得的进展与成效、亮点与经验、成就与特色，同时介绍了其产业特色、自然资源或旅游资源等内容，信息量大，值得一读。

本书多角度、多层次、立体化地介绍了在党的领导下，尤其是在党的十八大、十九大以及习近平总书记关于脱贫攻坚、全面建成小康社会系列重要讲话精神指引下，我国全面推进小康建设进程中，基层县域单位不忘初心、砥砺前行所取得的成就与经验，展示了我国全面小康建设取得的举世瞩目的伟大成就。同时也为基层县域发展提供他山之石和借鉴思路，进一步推动全面小康建设向纵深发展，助力其取得更加辉煌的成就，带动全国人民为早日实现中华民族伟大复兴而努力奋斗。

目录

凤凰县 · 湖南

凤凰县历史悠久，人杰地灵，风光灵秀，景色旖旎，名胜古迹与自然风光交相辉映，民族文化与民俗风情交融呈彩。近年来，全县各族人民砥砺奋进，全力打造国内外知名生态文化公园和国内外知名旅游目的地，决战脱贫攻坚取得决定性胜利，全面建成小康社会取得历史性成就，成功创建了国家全域旅游示范区。

——湘西土家族苗族自治州政协副主席、凤凰县委书记　颜长文

国家历史文化名城走向世界

凤凰县是湖湘钟灵毓秀之地，具有古朴的历史风貌、秀美的山水风光、浓郁的民族文化和辈出的名人英才，清澈流淌的沱江、雄伟壮丽的城墙、独具一格的吊脚楼、环境优美的南华山、威严耸立的八角楼……凤凰县总是带着令人着迷的气息，让人沉醉其中，流连忘返。

◎ 凤凰印象

凤凰县位于湖南省西部，全县面积 1743 平方公里，辖 17 个乡镇、256 个行政村、26 个社区，总人口 43.2 万。其中少数民族人口占总人口数的 73%，是一个以苗族为主的少数民族聚居县，被评为国家历史文化名城、首批中国旅游强县，国家 AAAA 级旅游景区。

凤凰县钟灵毓秀，据统计从清道光二十年（1840 年）至清光绪元年（1875 年）仅仅 36 年间，这里就涌现出贵州提督田兴恕等共 188 名三品以上官员。民国时期，凤凰县出中将 7 人、少将 27 人。近现代名人，如民国第一任民选总理熊希龄、著名作家沈

从文、著名画家黄永玉蜚声海内外。凤凰县境内风光旖旎，南方长城、奇梁洞、苗人谷、竹山乡居等景点独具特色，凤凰古城、十里沱江风光带、南华山国家森林公园等风景名胜呈现一幅“天人合一”的自然画卷。

自 2011 年凤凰县大力发展文化旅游产业以来，文化旅游产业逐渐发展成为带动县域经济发展的主导产业，2019 年全县共接待游客 2010.9 万人次，旅游收入突破约 200 亿元，已发展成为湘西旅游龙头、湖南省旅游重要窗口、全国旅游名片，先后获得中国首批旅游强县、国家级景区、全国十佳旅游城市等荣誉称号，“天下凤凰”已成为天下人向往的休闲度假胜地。

凤凰古城。凤凰古城始建于明代嘉靖三十五年（1556 年），至今已有 400 多年历史，曾被新西兰著名作家路易·艾黎称赞为中国最美丽的小城。古城内明清建筑保留完好，有县级以上文物保护单位 85 处，珍贵馆藏文物和各类珍稀化石 10000 多件，是西南地区现存文物古迹最多的县市之一。楚文化与凤凰土著文化的结合，苗文化与汉文化的交融，形成了独具一格的地域文化。古朴的历史风貌、秀美的山水风光、浓郁的民族文化和辈出的名人英才，清澈流淌的沱江、雄伟壮丽的城墙、独具一格的吊脚楼、林木苍翠的南华山、巍然耸立的八角楼……凤凰古城总是带着令人着迷的气息，让人沉醉其中，流连忘返。

南方长城。南方长城又称“湘西边墙”，南起贵州铜仁亭子关，北到吉首乾州的喜鹊营，沿途依山而建，逶迤起伏。边墙呈南北走向，由一条顶宽三尺，底宽五尺，高八尺的开放式墙，以及根据地形成一字、品字或梅花形排列的城堡、屯堡楼、碉、营汛、哨卡组成，起着划分疆界与军事防御作用。2000 年 4 月 21 日，经原中国文物研究所所长、中国古建筑专家组组长罗哲文先生考察认证，将湘西边墙认定为明长城的一部分。湘西边墙是我国历史上工程浩大的古建筑之一，展现了南国风光和湘西少数民族风情特色。

黄丝桥古城。黄丝桥古城位于凤凰县城正西 24 公里处，古称渭阳城，始建于唐垂拱二年（686 年），距今已有 1300 多年的历史。古城坐西朝东，是一座青石结构的石头城，城墙所用石料皆采用石灰岩的青光巨石，砌筑时以糯米稀饭拌和石灰为砌浆灌缝，使数百米城墙浑然一体，坚固牢实。城墙周长 686 米，总面积 29070 平方米，城墙高 5.6

米，城墙上走道可以跑马；城墙上部为锯凿形状，箭垛 300 个，还有两座外突的炮台。古城开有三个城门，分别为“和育门”“实成门”“日光门”，均建有十余米高的清式建筑格局的高大城楼。黄丝桥是武则天被选中上京之时曾经歇脚的地方，是迄今为止全国保存最完好的唐代古城，也是我国保存最完整的石头古城之一，2006 年被评为全国重点文物保护单位。

◎ 打造国内外知名生态文化公园和国内外知名旅游目的地

凤凰县按照“全景式打造、全方位服务、全社会参与、全季节体验、全产业发展、全区域管理”的全域旅游发展思路，着力打造国内处知名生态文化公园和国内外知名旅游目的地，舞活文化旅游产业龙头，做好“旅游 +”文章，推进旅游与文化、农业、工业深度融合发展，促进广大群众广泛参与、脱贫致富。

加快精品景观建设。突出以古城为核心，沿沱江上下游延伸，向南华山拓展，向乡村游扩展的全域旅游发展思路，构建古城文化观光游、度假区休闲体验游、南方长城兵战文化游、乡村游生态民宿深度游四大旅游产品体系。围绕古城核心景区建设，加快青

山抱古城、南华山整体开发、听涛山庄等一批休闲体验和文化展示项目建设，打造十里沱江风光带，加快古城景区扩容提质步伐。围绕国际休闲度假区建设规划，建设一批民俗酒店、度假山庄、康养休闲项目，实施汽车营地建设，启动河湖连通工程及配套设施建设，推进城市新区、旅游服务区、乡村游体验一体化建设。围绕乡村游开发，抓好全域生态、民族文化、传统村落保护及大地景观和林相改造，重点加快凤大二级路沿线景观带及八公山、天星山连片开发。积极与重大投资主体等合作，着力打造凤大二级路沿线兵战文化、农旅体验游，着力打造八公山和天星山探险、体育探险和休闲度假游，实现旅游点线面全域辐射。

加快旅游管理服务体系建设。建立完善全域旅游指挥管控服务系统，运用大数据技术，实施智慧旅游系统、社会治理数据化工程建设，打造城乡旅游生活智能化、信息化，让游客能够同时享受本地化、个性化和现代化服务。一是打造优质的产品体系。加强景区企业合作，优化产品结构，着力提质打造以凤凰古城为核心产品，以新区国际休闲度假区为枢纽，以南方长城、黄丝桥古城产品组合为西线和以竹山乡居、苗人谷、天星山产品组合为北线的精品线路，同步协同周边地区共同铸造大湘西旅游精品圈。加快建设南华里城市综合体，在文星苑、老道台衙门、喜鹊坡等黄金地块以及乡村游重要节点，规划建设一批有特色、有品位的休闲接待设施，提升全域旅游接待承载能力，切实做大舞活全州旅游龙头。二是打造便捷的接驳服务体系。着力将城北的游客服务中心打造成区域旅游集散中心和导游、司机之家，加快城东、城西及乡村游服务点建设，建立游客综合停车服务区、景点停车场及公共停车场，依法推行城区景区交通管控体系，努力实现旅游无障碍交通换乘，全面优化升级城区、乡村旅游景区交通接驳服务。三是打造诚信的购物体系。加快诚信凤凰建设，出台诚信购物监管及支持政策，加快完善凤凰之窗、城北游客服务中心、南华里等诚信购物平台建设，建立健全准入机制，鼓励和引进社会资本进入诚信购物平台，实行诚信购物平台化、规范化监管，引导和促进各涉旅行业积极参与诚信文明经营。四是打造统一的票务体系。进一步完善智慧旅游和票务服务系统，建立资源整合共享、统一票务服务体系，实现同平台营销、同系统服务，根治高额回扣等行业顽疾，优质高效服务广大游客。

创新完善建设模式。着力突破规划、资金、土地“瓶颈”，以开放的胸怀、完善的设施、优惠的政策招大商、招好商。围绕破解“规划瓶颈”，完成全域旅游规划、土地利用规划调整、生态环境规划等“多规合一”工作，实现一张蓝图指明方向、管控到底。围绕破解“土地瓶颈”，优化建设用地结构和布局，优先保障旅游重点项目和乡村旅游扶贫项目用地，鼓励通过开展旅游点状征地的方式建设旅游项目，盘活农村闲置建设用地资源，探索农村集体经济组织以出租、入股、合作等方式盘活闲置宅基地和农房，改造建设乡村旅游接待和活动场所。围绕破解“资金瓶颈”，制定支持凤凰旅游业发展的奖补措施，创新旅游投融资机制，建立和完善融资担保体系，推动旅游资源资产证券化。积极引进国内外战略投资者，通过合作、合资等方式，筹建旅游产业集团和产业联盟，共同推动“天下凤凰”旅游大发展。

◎ 决战脱贫攻坚取得决定性胜利

在脱贫攻坚伟大实践中，凤凰县牢记习近平总书记殷切嘱托，全党动员、全民参与、全力以赴，以脱贫攻坚统揽经济社会发展全局，认真落实“六个精准”“五个一批”总体要求，围绕“两不愁三保障”压实责任，坚持党建引领，着力抓好“十项脱贫工程”，脱贫攻坚取得全面胜利，186 个贫困村全部出列，2.2 万户 8.9 万贫困人口全部脱贫，凤凰县实现脱贫摘帽。

五年来，凤凰县坚持党建引领脱贫攻坚，加强乡镇和村级班子建设，选优配强 87 个贫困村村、支、监三委干部，整顿软弱涣散党组织 68 个，选拔 429 名大学生任村骨干，选拔 581 名创业致富能人任村级领导班子成员。实施“百个产业党组织”建设工程和“互助五兴”农村基层治理模式。全县组建 275 支驻村帮扶工作队，选派 275 名第一书记和 1030 名驻村扶贫工作队员，9000 余名干部参与结对帮扶贫困户。五年来，凤凰县重点实施了精准脱贫十项工程。

实施发展生产脱贫工程。坚持因地制宜，大力发展茶叶、猕猴桃、柑橘等特色产业，产业总面积达 45 万亩，组建农民专业合作社 407 个、家庭农场 296 个，发展州级以上农业产业化龙头企业 11 家，引导新型经营主体与 13520 户贫困户构建利益联结机制。累计投放扶贫小额信贷 2.6 亿元，惠及贫困户 6964 户 31339 人。

实施生态补偿脱贫工程。安排 1000 名贫困劳动力转岗生态护林员，累计发放务工补助 2438.7 万元，带动 4563 贫困人口脱贫。实施集体公益林生态效益补偿，全县

35637户农户享受政策补偿4785万元，其中建档立卡户4628户18779人享受公益林生态效益补偿金额624万元。实施退耕还林补助，全县退耕还林面积14.8万亩，2014—2019年全县37180户农户享受政策补助11100万元，其中建档立卡户7363户31452人享受退耕还林补助2331.6万元。

实施转移就业脱贫工程。坚持外出务工就业、扶贫车间就业、公益性岗位就业三管齐下。贫困人口按照省外、省内州外、州内县外每人每年一次性给予600元、400元、200元标准补助作为外出务工交通路费，3.2万贫困劳动力顺利外出转移就业。建成30个扶贫车间安排贫困人口就业2457余人，开发公共设施管护员、易地搬迁集中安置区管护员等公益性岗位3428个，带动5630多户贫困户脱贫。

实施易地搬迁脱贫工程。实施依托城区安置、旅游景区安置、产业园区安置、经开区安置、镇区安置、村内安置六种模式，建设23个集中安置点，易地扶贫搬迁户2388户10929人全部搬迁入住。同步推进易地搬迁后续产业配套，实现搬得出、稳得住、能融入、能致富。

实施教育发展脱贫工程。投资25亿元大规模建设学校，城乡学校全面达标；大幅

度提高教师待遇，对农村教师实行岗位补贴，并配一套公租房，让教师安心教书；落实了小学至高中阶段的农村户籍、城镇低保户、残疾户学生及孤儿免单教育政策，对建档立卡户及城镇低保户子女给予生活补贴，对兜底贫困户大学生实行大学期间全兜底，让学生读得起书。全县没有发生因贫困失学辍学。

实施医疗救助帮扶工程。加快城乡医院和村卫生室建设，让群众有医院看病；实施百名乡村医院全科医生培养工程，让群众有合格医生看病；落实健康扶贫“三提高、两补贴、一减免、一兜底”综合保障政策，让群众看得起病。全县建档立卡贫困人口新农合参保率达 100%。建档立卡贫困户住院报销比例达 85.3% 。群众看病难、看病贵的问题得到很大程度缓解。

实施乡村旅游脱贫工程。按照“政府主导、企业运作、群众参与”模式，连点成线，开发景区景点，重点建设凤凰古城旅游区、南方长城兵战文化景区、苗乡文化景区、凤凰国际旅游度假区四大景区，涵盖 10 个乡镇 40 个村。完成了飞水谷、老家寨、竹山等乡村旅游业态开发和特色民宿建设，以“神秘苗乡”精品旅游线路建设同步推进“九营十八寨”乡村旅游开发。办好“三月三”“四月八”“六月六”等民族节庆活动，吸引大批游客参与和体验，以全域旅游带动全域脱贫。

实施社会保障兜底工程。全县低保户纳入建档立卡贫困户范围，五年发放农村低保救助资金达 2.8 亿元，惠及 1.35 万户 3.5 万余人，实现了应保尽保。将整户无劳力的建档立卡户纳入兜底，按 350 元 / 月的标准落实兜底政策，实现了应兜尽兜。纳入建档立卡贫困残疾人 6454 人，五年来落实残疾人“两项补贴”25.7 万人次，发放金额 2254 万元。

实施基础设施配套工程。统筹实施农村水、电、路、通信等基础设施工程，实现了“六个百分之百”目标，即农村村级公路通畅率和组级公路通达率 100%，农村客运建制村通班车率 100%，农村人口安全饮水达标率 100%，农网改造完成率 100%，贫困村 4G 网络覆盖率 100%，村级组织综合服务平台覆盖率 100%，使广大农村生产生活设施得到大幅改善。

实施公共服务保障工程。全县行政村建立并完善了村支部、村委会、村民议事会、村务监督委员会四个机构，制定工作规范，完成“一村一辅警”、村医配备，农村治理能力得到提升。完成 200 个贫困村农村环境综合整治，完成 282 个村级政务服务中心、236 个村级综合文化服务中心、102 个村级文化广场建设。

◎ 携手推进脱贫攻坚

开展东西部协作扶贫。与山东省济南市天桥区开展对口帮扶。近年来，支持投入扶贫援助资金 1.3862 亿元，建设了 61 个项目，惠及贫困人口 6 万余人（次），帮扶残疾人 1000 余人（次）。一是培训党政干部、致富带头人、专业技术人员 705 人。二是帮助凤凰发展了一批产业项目，发展茶叶、雪茶等产业面积 5 万多亩，惠及贫困人口近 4 万人。三是帮助凤凰县解决了一批贫困劳动力就业，为凤凰贫困人口提供就业岗位 500 多个，组织帮助贫困人口到省外其他地区就业 646 人（次）。支持建设扶贫车间 30 家，带动 2000 多名农村剩余劳动力就近就业，其中带动 332 名建档立卡贫困人口实现就近就业。四是济南市天桥区共组织凤凰县 13 家企业参加济南市年货展销会等展销活动，销售收入 9383 万元。五是天桥区积极调动社会

力量参与东西部扶贫协作，累计向凤凰县捐款捐物 1675.8 万元。

中国石油化工集团有限公司定点扶贫。17 年来，中石化共投入资金 8749 万元，新建维修村级公路 170 余公里，扶持 15 个村的贫困户种植优质水果 1.65 万亩。援建学校 20 所，资助贫困学生 2400 名；建设拉亳新塘垅、竹山、老洞等民宿旅游项目，惠及贫困户 247 户 1042 人。

◎ 迈向新时代乡村振兴新征程

坚持推进乡村振兴与巩固脱贫成果有效衔接。严格落实“四个不摘”要求，建立健全防止返贫机制，持续开展“回头看、回头改”查漏补缺，实时跟踪收入变化，实现返贫户动态清零。建立农村低收入人口和发展薄弱村帮扶机制，继续做好兴产业、稳就业、置家业“三业”文章，完善医疗、教育、住房、特殊户兜底“四个保障”机制，做好易地扶贫搬迁后续帮扶，做实扶贫与扶志、扶智相结合工作，持续巩固和拓展脱贫攻坚成果。

实施“乡村振兴十项工程”。坚持县、乡、村三级书记抓乡村振兴，大力实施基层党建引领工程、特色产业提质工程、基础设施完善工程、教育优质均衡工程、卫生健康服务工程、文化保护传承工程、美丽乡村升级工程、社会保障普惠工程、“三农”人才培育工程、治理效能提升工程，打造脱贫攻坚的升级版，促进农业全面升级、农村全面进步、农民全面发展。

推进乡村振兴示范村建设。围绕“产业兴旺、生态宜居、乡风文明、治理有效、生活富裕”总要求，始终把实施乡村振兴战略作为“三农”工作的总抓手，高起点规划，多渠道整合资金，统筹安排部署示范村建设任务，着力打造一批乡村振兴示范村，在全县起到以点带面的辐射作用，推进乡村全面振兴发展。

◎ 菖蒲塘村：科技打造出的乡村振兴名片

凤凰县廖家桥镇菖蒲塘村是一个以土家族为主的少数民族聚居村，全村 23 个村民小组，共 710 户 3035 人。2013 年 11 月 3 日，习近平总书记莅临菖蒲塘村视察，提出了“依靠科技，开拓市场，做大做优水果产业，加快脱贫致富步伐”的重要指示，为菖蒲塘全村的发展指明了方向，极大提振了信心。菖蒲塘村认真贯彻落实习近平总书记指示，依靠科技支撑大力发展特色水果业，成立了猕猴桃专业合作社和农产品电子商务中心，全村水果种植面积达 5844 亩，年产水果 2117.4 万斤，农民人均纯收入 23419 元，成为全县优质水果引种、示范、推广、服务基地，2016 年实现整村脱贫出列，2019 年被列为乡村振兴示范村。目前，菖蒲塘村以特色果园区为核心，努力打造集育、特色休闲采摘、生态餐饮、飞水谷景点探险体验和农业科技服务为一体的农旅融合精品景区。

古浪县·甘肃

古浪县，地处河西走廊东端，为古丝绸之路要冲，自古就以“驿路通三辅，峡门控五凉”的重要地理位置闻名遐迩。悠久的历史，深厚的文化底蕴，使这片热土焕发出了新的生机，涌现出了“时代楷模——八步沙林场三代人治沙造林”的先进群体。

——古浪县委书记　苏国波

丝路要塞 红色古浪

蜿蜒千里的祁连山，广袤无垠的大沙漠，美丽的雪山绿洲，还有峭壁千仞的险关隘道和漫山遍野的油菜花……

大自然的巧夺天工，为这片土地披上美丽的外衣；千百年的历史沉淀，使这片热土焕发了新的生机。这就是古浪，充满着厚重历史气息而又生机勃勃的沙漠明珠。

◎ 古浪印象

古浪县地处河西走廊东端，为古丝绸之路要冲，隶属中国旅游标志之都——马踏飞燕的出土地甘肃省武威市，东南分别与白银市景泰县和武威市天祝县相连，西北与武威市凉州区接壤，北邻腾格里沙漠。全县总面积 5046 平方公里，辖 4 乡 15 镇 1 个街道，251 个村（居）委会，常住人口 38.89 万人，其中农业人口 35.28 万人，聚居着汉、回、藏、蒙、苗、满等 10 多个民族。

近期，由中共中央机关刊物《求是》主管主办的《小康》杂志社联合多个国家权威部门和专业机构，面向中国县城或基层行政单位，开创“百县榜单工程”，推出“2020中国最美乡村百佳县市”“2020中国最具幸福感百佳县市”榜单。武威市古浪县荣登“2020年中国最具幸福感百佳县市”榜单。

古浪县历史悠久，文化底蕴深厚。早在4000多年前的新石器时代，就有先民在这里繁衍生息。县境内生态环境优美，资源丰富，山、川、沙平分秋色。南部祁连山，地势高峻，逶迤雄峨；中部绿洲平原，阡陌纵横，沃土连绵；北部沙漠，浩瀚无垠，沙浪波涌。特别是古浪峡，山石突兀，地势险峻，素以“驿路通三辅，峡门控五凉”的重要地理位置闻名遐迩，是历来兵家必争之地。特殊的地理位置、多民族融合发展的历史，赋予了古浪深厚的文化积淀。

近年来，古浪县抢抓国家“一带一路”建设打造“五个制高点”历史机遇和武威市委建设“经济强市、生态大市、文化旅游名市”的政策机遇，依托古浪历史文化悠久、人文资源厚重、自然风貌独特、交通区位优势明显的特点，统筹谋划推动文化旅游业发展，不断提高文化旅游业软实力，推进文化旅游经济总量快速增长。2019年，接待游客90万人次，实现旅游综合收入6.4亿元。2020年前三季度，全县接待游客67.58万人次，实现旅游综合收入3.89亿元。而古浪县也因此成为游客心目中理想的旅游胜地，被誉为古丝绸之路上一颗璀璨的明珠。

◎ 生态移民让百姓过上好日子

古浪县是国家六盘山集中连片特困地区甘肃58个贫困县之一，也是甘肃23个深度贫困县之一。2013年底，有建档立卡贫困村130个，建档立卡贫困人口3.42万户14.23万人，贫困发生率39.86%，比全省平均水平高13.4个百分点。特别是南部高海拔山区山大沟深，气候恶劣，农业基础条件薄弱、产业结构单一，行路难、就医难、上学难、饮水难、就业难、增收难的问题非常突出。

对此，古浪县举全县之力实施黄花滩易地扶贫搬迁工程，将生活在高深山区的贫困群众搬出大山，彻底改变了贫困群众的思想观念、生活环境、生活方式和生产方式，走出了一条易地搬迁致富和生态保护双赢的扶贫开发新路子。

2019 年 8 月 21 日，习近平总书记亲临黄花滩移民区富民新村调研视察，对古浪县生态移民易地扶贫搬迁工作给予充分肯定，全县上下倍感振奋，深受鼓舞和鞭策。

统一规划建新村。按照习近平总书记“易地搬迁脱贫一批”的重要指示，实施黄花滩易地扶贫搬迁工程，实现搬迁群众由山区贫困落后面貌到现代城镇化生活转变。一是多户型建设移民住宅。搬迁群众打破行政区划，按照人均 25 平方米的标准设计平房、楼房各四种户型，自主选择所需户型，对无搬迁能力的低保户、特困人群实行政府兜底，免费提供小户型住房，“十三五”期间建档立卡贫困户户均自筹款不超过 1 万元；采取农户自建、联建和统建等方式建设，组织群众监督，保障住房工程质量安全。二是一体化配套基础设施。搬迁群众按照人均 1.75 亩标准平整分配产业用地，共开发农业和生态用地 12.4 万亩。着力破解产业培育缺水难题，实施了水利骨干工程和调蓄水池建设工程，解决长期困扰移民区建设和发展的根本性问题。三是均等化配套公共服务设施。移民区建成各类学校、乡镇卫生院和标准化村卫生室、文化广场，各安置点均配套商贸区、文化体育等设施，提供与城市同等水平的公共服务。

产业先行促增收。牢记总书记“让易地搬迁的群众留得住、能就业、有收入，日子越过越好”的重要指示，把产业培育作为搬迁群众稳定增收的根本之策，按照“多采光、少用水、新技术、高效益”的理念，大力发展以日光温室精细果蔬为主的现代丝路寒旱农业，以牛羊鸡鸽为主的舍饲养殖业，以枸杞、梭梭接种肉苁蓉为主的沙产业。搬迁群众户均达到两种以上增收产业全覆盖，预计 2020 年全县贫困人口人均可支配收入达到 9096 元，是 2013 年的 3.6 倍。一是强化政策扶持。制定产业发展奖补政策，落实省级到户产业扶贫资金和县级补助资金，其中，日光温室每座奖补 4.98 万元，协调产业贷款 2 万元并给予 3 年全额贴息；养殖暖棚每座奖补 8000 元，超出两座每座奖补 6000 元，每户最多奖补 4 座。种植产业基地和养殖小区全部由政府统一配套水、电、路等基础设施。二是创新发展模式。聚焦到户到人，逐户明确产业扶贫措施，多种带动模式促进移民区特色产业规模化发展。通过合作社带动发展现代丝路寒旱农业，成立黄花滩生态移民后续产业专业合作社，通过“合作社 + 贫困户”模式统一建设质量、统一补助标准、统一种苗供应、统一设施配套、统一产品销售，日光温室基地入选粤港澳大湾区“菜篮子”生产基地。组建国有扶贫公司发展羊产业，建成省级优质种羊繁育基地，通过“羊银行贷母还羔”模式向贫困户投放优质种羊，引进种羊 3.78 万只，产羔 7.4 万只，向贫困户投放 4 万多只，带动贫困群众 4000 多户发展羊产业。引进龙头企业发展牛产业，引进甘肃顶乐牧业公司建成肉牛养殖基地，贫困户通过托管代养、资金资产入股、劳务帮带等方式获得收益；引进宁夏奶牛养殖企业，实施 6 万头生态奶牛产业园项目，首批 6100 多头澳大利亚荷斯坦奶牛已进场养殖，2020 年养殖规模可达到 2 万头。三是大力

发展村集体经济。结合农村“三变”改革，通过光伏扶贫、兴建规模化牛羊养殖场、购置商铺等方式发展村集体经济，2019 年移民村村集体经济均达到 7 万元以上。

龙头带动树品牌。围绕特色产业和市场需求打造种养、加工、销售全产业链，让群众获得持续稳定的产业发展红利。积极培育经营主体，组建县扶贫公司和 19 个乡镇扶贫公司，引进中天羊业、顶乐牧业、康美集团、陕西海升、宁夏奶牛养殖专业合作社等龙头企业和项目落户移民区，建成规范化农民合作社 1384 家，以资金入股、农产品订单、吸纳就业等多种模式，与搬迁群众建立紧密的利益联结机制，每个产业都有龙头企业和重大项目支撑，都有专业合作社和群众深度参与。全力打造农业品牌，创建“原味古浪”县域公共品牌，完成“三品一标”认证 69 个，“红光头”小麦、“古浪香瓜”通过国家农产品地理标志认证。借助八步沙“六老汉”时代楷模影响力，打造了“八步沙”牛、羊、溜达鸡、肉苁蓉、枸杞、蔬菜等 6 个区域品牌。健全产品营销体系，建成蔬菜和牛羊大型交易市场 3 家，规模销售企业 4 家，建成果蔬保鲜库 65 座；上线运行“古浪县农产品产销对接平台”，积极推进消费扶贫。

就业优先促增收。认真贯彻习近平总书记“后续帮扶最关键的是就业”的重要指示，通过建设扶贫车间、产业基地，依托已有工业园区安置就业，开发公益性岗位兜底等措施，吸纳搬迁群众就地就近就业。一是加强劳务培训输转。建立“劳务机构 + 培训 + 就业”的一体化培训输转机制，2017 年以来，移民区累计培训贫困劳动力 6000 人，有组织输转劳动力 3.8 万人次。二是加快推进“扶贫车间”建设。鼓励引导有扶贫意愿和能力的各类企业、合作社、返乡创业者在安置区建成扶贫车间，吸纳带动就业。三是实施公益性岗位兜底安置。面向“无法离乡、无业可扶、无力脱贫”的“三无”家庭贫困劳动力，按程序选聘乡村公益性岗位 1120 人。利用村集体经济收益，开发卫生保洁、公益性设施管护、护林员等岗位，全力帮助贫困劳动力就地就业。

生态优先筑屏障。牢记总书记“继续发扬‘六老汉’的当代愚公精神”的重要指示，围绕构筑生态安全屏障，同步开展迁出区拆旧复绿和安置区绿化造林，让绿色成为古浪发展的鲜明底色。迁出区严格落实“一户一宅、占新腾旧”政策，累计拆除房屋 2 万多套，完成废旧宅基地腾退复垦 3.15 万亩。采取“退、封、造、管”措施，建设长 50 公里、宽 20 公里的生态恢复区，营造水源涵养林 20.7 万亩，实施退耕还林还草 7.47 万亩、封山育林 71.62 万亩，实现了“人退山绿”。安置区大力实施国土绿化倍增行动，住宅区栽植绿化苗木 54 万株，产业区建设农田林网 5.38 万亩，外围完成治沙造林 63.46 万亩，封禁保护沙化土地 15 万亩，栽植沙生植物 1300 多万株，涌现出八步沙林场“六老汉”三代人治沙造林“时代楷模”群体，实现了“人进沙退”，形成了人与自然和谐共生的良好局面。

党建引领安民心。以党建引领易地搬迁移民村治理，加快行政区划调整报批，干城、横梁、新堡等 3 个整乡搬迁乡镇政府迁入移民区。借鉴城市社区管理的理念和模式，建立“党总支 + 村委会 + 村监会 + 群团组织 + 小区党支部”的“一核多元”村级组织体系，成立各级党组织 70 个。各级党组织和党员带头在移民安置、土地分配、产业培育、环境整治等方面发挥先锋引领作用，有力带动了移民区加快发展。加强和创新移民区社会治理，落实“人—户—网格—社区”服务管理机制，配备网格管理员、信息员、矛盾调解员和政策宣传员，开展生活融入、邻里互助等社区服务，促进群众交往交流交融，增强群众归属感和认同感。大力开展群众感恩教育和思想道德建设，推动形成向上向善的社会新风尚。在生态移民易地扶贫搬迁工程的推动下，2020 年，古浪县贫困人口全部脱贫，整体退出贫困县序列，走出了一条高深山区贫困群众易地搬迁脱贫致富和祁连山生态环境保护双赢的扶贫开发新路子。

◎ 移民产业的带头人

胡中山是全国劳动模范，也是黄花滩生态移民后续产业专业合作社党委书记。合作社成立之初，胡中山便多次上厦门、山东等地学习取经，并结合实际，规划了合作社发展的路子，即按照“依托市场需求、发挥比较优势、突出特色精品、规模连片发展”的思路，在移民区搭建“党组织 + 合作社 + 农户”的构架，坚定不移为打赢脱贫攻坚战服好务、带好头，切切实实做到“脱真贫、真脱贫”，使贫困地区群众不断得到实惠。胡中山是这样想的，更是这样做的。他带领合作社想在前、干在前、示范在前，在产、供、销各个环节帮助和带动群众把棚子建起来、把产业育起来，培育和打造好以种养、加工、销售为主的产业链。目前，黄花滩生态移民后续产业专业合作社涵盖种植、养殖等 32 个分社，以“统一品种采购、统一技术培训、统一防疫免疫、统一产品销售”方式，构建了资源共享、优势互补、生产互动、风险共担的良性运行机制，带动移民群众发展养殖暖棚 17300 多座，栽植特色林果 3400 亩，建设日光温室 6828 座 13656 亩，真正形成了“党建引领、产业富民”的生动实践。胡中山常说：“不为农户谋利的干部不是好干部。坐在办公室里的干部都是纸上谈兵，基层干部就要深入群众，就要脚在走路、耳在听事、脑在想事、眼在看事、嘴在说事。”

◎ 热心助农的企业家

朵满海是甘肃兴海实业有限公司董事长。在古浪商界，朵满海是人们公认的一位传奇人物，说他传奇，源于他从一个普普通通的包工头华丽转身成为一个身价过亿的民营企业家。其名下的甘肃兴海实业有限公司下面共有 7 个子公司，一个机械设备租赁公司、一个商贸公司、一个农业公司、一个信息检测公司，还有一个物资公司。

目前，甘肃兴海实业有限公司已具备包括房屋建筑工程二级、装饰装修工程二级、土石方工程二级、市政工程三级等施工资质，公司固定技术人员和管理人员达70余人，工程量大的时候，加上干活的工人，总数达1000多人。

目前，公司承接完成的工程项目有：宝兰二线、兰武二线、武嘉线、兰青二线、西合线、石汝线、嘉镜线、通辽、邯长、大西、宁西、中南重铁、宝兰客专、中马铁路、京沈高铁等国家重点铁路项目。

个人富了不算富，多年来，朵满海先后解决家乡劳动力就业1000多人次，家乡很多青年、很多家庭都因为在他的公司就业而逐步过上了富裕的生活。在朵满海的家乡，每年都有近500人随他外出务工，平均每人年均工资7万元。同时，他每年为家乡土门镇中小学捐书及学习用品，每年都赞助家乡的教师节活动，奖励优秀教师。他还捐款几十万元给家乡修路，完善了村里的基础设施建设。2018年3月，在朵满海的倡议下，兰州古浪商会正式成立，朵满海被推选为首任会长。该商会在筹备之始，就明确商会的首要宗旨是开展社会公益事业。商会通过扶持家乡贫困村、对接用工企业进行劳务输出、农村劳动力专业技能培训、教育精准资助、大灾大病精准资助等方式开展公益活动，为促进家乡的和谐发展添砖加瓦、增光添彩。多年来，朵满海心系故乡，扶危助困，助力家乡教育事业与扶贫攻坚，获得了全社会的高度认可和普遍的赞誉。

对此，朵满海说：“我的家乡是国扶贫困县，虽然今年刚刚脱贫，如何保持家乡人民脱贫后而不返贫，不但是地方政府的责任，也是我们这些企业家的责任。我是土生土长的古浪人，我有义务有责任带领家乡人共同致富过上幸福的生活，这也是我毕生的追求。”

◎ 崛起的绿洲小城镇

自2012年以来，古浪县举全县之力实施黄花滩生态移民工程，先后建成12个移民新村和绿洲生态移民小城镇。绿洲生态移民小城镇就是其中的一个典范，该小城镇建设项目总投资 14.13 亿元，面积约 4 平方公里，建成幸福、康宁、春晖、朝阳、长兴和新安 6 所社区服务中心，搬迁安置横梁、干城、新堡等 11 个乡镇群众约 2 万人，同步配套建成中小学各 1 所、幼儿园 2 所、医院 1 家、绿洲广场和农贸市场，开通运行绿洲小城镇至大靖镇、绿洲小城镇至古浪县城公交班线，实现污水管网架设全覆盖，为搬迁群众入学、就医、购物、出行提供了便利。按人均分配 1.75 亩标准，搬迁群众累计分配土地 3.25 万亩。目前，种植枸杞 14000 亩、青储玉米 4000 亩、葵花 1000 亩、马铃薯 500 亩、挖籽葫芦 500 亩。建成日光温室 2232 座 4000 亩。

为实现“搬得下、稳得住、可致富”目标，全县积极扶持搬迁群众大力发展特色富民产业。种植业依托五道沟 2578 座日光温室产业园区，通过财政补助和信贷支持，引导群众种植辣椒、番茄、茄子、西瓜、甜瓜、芦笋等瓜菜，棚均效益 2 万元左右。养殖业以顶乐绿洲肉牛产业园和兴盛种羊繁育基地为依托，以“公司 + 基地 + 合作社 + 农户”的模式和“羊银行：贷母还羔”等扶贫模式，大力发展牛羊产业，实现增收致富。就业扶贫方面，建成集就业政策宣传、就业指导、就业培训、劳务输转于一体的古浪县绿洲人力资源市场，向苏州工业园区、安徽芜湖工业园区、天津金鹏管业等园区和企业输转劳动力 500 多人，推送务工信息 10000 余条，介绍和组织就近就地务工 6000 多人

次。引进甘肃保罗服饰有限公司，与乡扶贫开发公司合作成立甘肃精诚金榜实业有限公司，建成绿洲小城镇就业扶贫服装加工车间，2020 年 8 月底一期车间投入运营，将安置近 600 人就业，预计年收入达到 2100 万元。该项目计划于 2021 年进行二期工程建设，重点生产军队装备装具，占地面积约 10000 平方米，计划投资 2000 万元，预计吸纳劳动力 2000 人就业，拓宽贫困群众就业渠道，不断增强广大群众致富增收的内生动力。

◎ 旅游名品

古浪战役纪念馆。红军西路军古浪战役纪念馆（前身为红军西路军古浪烈士陵园，）位于古浪县城西南隅，占地面积 15 万多平方米。自 2002 年以来，古浪战役纪念馆先后被命名为“全国红色旅游经典景区”“甘肃省中共党史教育基地”“甘肃省爱国主义教育基地”“甘肃省精神文明先进单位”、国家 AAAA 级旅游景区、驻甘、驻武部队红色教育基地、“武威市国防教育基地”“古浪县党员干部党性教育基地”。该馆是武威市首批旅游研学基地 ，已成为广大党员干部接受革命传统教育、弘扬红军精神、坚定理想信念、加强党性锻炼的重要基地。

1936年10月，中国工农红军一、二、四方面军在会宁会师，红四方面军九军、三十军、五军及总部直属部队共21800多名将士，于是年10月24日起西渡黄河。11月11日，三十军同总部由景泰一条山经我县新堡子、马家磨河进驻大靖，接中央军委电令正式成立西路军，并于12日晚占土门。五军随后跟进，抵武威。军长孙玉清和政委陈海松率九军7000多人，取道古浪县南部山路。11日，在干柴洼（今干城乡）与国民党马彪旅激战一天，13日横梁山狙击战后，于14日拂晓进驻古浪县城，二十五师布防城西南方面，二十七师布防城东北方面，县城内由直属部队构筑工事。红九军与国民党马步芳、马步青部浴血奋战四天，歼敌2000多名，于18日在三十军二六八团的接应下撤离县城。古浪三战，九军伤亡2400多名，军参谋长陈佰稚、二十五师师长王海清、二十七师政委易汉文等军、师、团级干部二十多名壮烈牺牲。

2002年，为缅怀先烈，激励后世，更好地宣传、展示西路军在古浪的征战历史，古浪县委、县政府决定修建红军西路军古浪烈士陵园。在前期已建成的九军烈士墓、西路军烈士纪念碑的基础上，建成西路军烈士陵园（包括烈士纪念馆两座、双拥展厅一座、军英亭一座，以及陵园牌坊、停车场、专用车道、旅游厕所等）。2008年，进行了全面绿化美化工作，栽植大云杉、油松、柏树、国槐等景观树种366株，种植草坪5680多平方米、花卉600多平方米。

2012年，在党、政、军相关部门和社会各界人士的热忱关心和大力支持下，筹资实施了古浪战役纪念馆一期项目，新修建了战役纪念馆大楼和纪念广场，重新维修了烈士纪念碑、烈士陵园牌坊及纪念馆附属设施。2015年11月，完成了纪念馆陈列布展项目并向社会开放。古浪战役纪念馆使用面积4300平方米，分三层结构，主展区为地上二层。整个陈展，按照甘肃省红色纪念馆“一综十二专”的要求设计布展，陈列馆由序厅雕塑、8个陈展单元和尾厅组成。全馆以“西风烈·战旗红”为主题，专题展示红九军浴血古浪和鏖战河西的战斗历程。新馆开放以来，先后接待国防大学原政委刘亚洲上将、东部战区原司令刘粤军上将、武警部队副司令员秦天中将、中宣部、水利部、教育部、中央“不忘初心、牢记使命”第五巡回督导组等党政军重要领导110余人次，接待国内游客320万余人次。2019年接待游客65.3万余人次。

古浪战役纪念馆二期工程项目，主要以古浪战役纪念馆景区为核心，以红色文化为设计理念打造纪念性公园，融合休闲、休憩功能为一体的红色旅游景观区；挖掘整合东升𨸏、西升𨸏、古龙山战场遗址红色资源以及龙泉水库水域生态资源和地下国防军事设施资源，建设集红色旅游、古城历史文化、军事文化为一体的立体式文化产业园。结合古浪战役历史，以纪念为主题突显“红色精神代代传”展示西路军精神。努力打造全省乃至全国重要的红色教育基地和红色文化旅游目的地。

八步沙林场。八步沙林场成立于 1981 年，是古浪县第一家由农民联户承包组建的集体林场，也是国家三北防护林体系工程建设的先进典型。近 40 年来，八步沙林场经过艰辛治理，如今，亘古荒漠呈现一片绿洲，不毛之地焕发盎然生机，而八步沙六老汉三代人治沙造林的故事也广为人知。六老汉不享儿孙绕膝福，甘守大漠献余生，用三代人的心血和汗水，在大漠深处书写当代愚公新篇章的感人事迹。在社会各界的关怀、关注、关心和关爱下，六老汉治沙精神在发扬光大，八步沙治沙群体在不断壮大，奏响了一曲人类治沙史上感天动地的治沙壮歌。

古丰镇柳条河村花海基地。柳条河村油菜花海位于古浪县古丰镇柳条河村，东接祁连山麓，西靠凉州张义，南靠天祝哈溪，北望古浪县城，距离古浪县城南 20 公里，古哈公路（145 县道）穿境而过，交通方便，周末休闲旅游首选。沿 145 县道到西沟口，

即可到油菜花海。每年七八月份，漫山遍野的油菜花竞相开放，基地周边野花盛开，鸟雀争鸣。从炎热的城市来到清风徐来的凉爽山区，在油菜花香中信步漫游，尽情享受难得的清爽和惬意，赏心悦目，流连忘返。2018 年，种植基地总投入约 30 万元，预计带动贫困户 136 户，每户增收 3000 元左右。

黑松驿镇“丝路驿站”民俗文化中心。黑松驿地处丝绸之路要冲，历史悠久，文化底蕴丰厚，文物古迹遍布境内，状元崖、小坡遗址、谷家平滩遗址、大司农平斛、旌表席氏九世同居碑等历史人文景观久负盛名。黑松驿在明清两代一直是丝绸之路上的重要驿站，林则徐、纪晓岚、于右任、老舍、莫理循等历史名人均

在黑松驿留下了历史印记，特别是发掘出土了明代“凉庄保障”石匾，更加凸显了黑松驿特色文化品位。近年来，黑松驿镇建成仿古驿站、苍松古城、城楼角楼、民俗文化展厅、历史文化展厅等。新建生态酒店和生态园，建设牡丹观赏基地，建成集观光休闲为一体的小游园，扶持发展农家乐，发展以油菜花为主的花海经济，集山、水、林、花于一体的休闲度假观光旅游项目逐步落地。

金水源丝路驿站景区。金水源丝路驿站景区总占地面积 1856 亩，项目规划建设游客服务区、民俗游览区、农耕文化展示区、休闲度假区、沙漠越野区、防风治沙展示区、研学露营区和黄河文化展示区等 8 个功能区。景区自 2016 年开始建设打造，已建成景观大门、游客服务中心、民俗仿古街、窑洞酒店、演艺广场、民俗风情园、房车营地、移动别墅、研学露营基地、沙漠越野赛道、人工湖、黄河灯阵、粟特文化展示区等，配套建成仿古城墙、生态停车场、游览步道等附属设施，完成绿化面积 1800 亩，栽种沙生植物 220 万株。金水源丝路驿站是一个集休闲度假、科普教育、观光旅游、生态采摘、民俗体验、婚纱摄影为一体的具有浓厚的西部农耕民俗文化、自然和谐、环境优美的景区。在这里，绿色、美景相映成趣，现代、古朴交相辉映，是出行旅游的理想之地。

◎ 重点企业

古浪祁连山水泥有限公司

古浪祁连山水泥有限公司是中国建材集团旗下，甘肃祁连山水泥集团股份有限公司在古浪县投资建设的一家年产 200 万吨水泥的全资子公司。公司于 2011 年开工建设，2013 年建成投产，拥有一条从矿山开采、生料制备、熟料煅烧、水泥包装出厂发运的日产 4500 吨新型干法水泥生产线，配套建设一座 7.5 兆瓦纯低温余热电站，可生产 M32.5 砌筑、42.5 级普通和缓凝、低碱等 9 个品种的水泥。产品辐射甘肃河西大部分地区，是区域内最大、最先进的现代化水泥制造企业，也是环境标准化 A 级和安全标准化一级企业。

近年来，古浪祁连山水泥有限公司以“打造区域内最具竞争力的水泥企业”为目标，以高质量发展为主线，推动企业的可持续发展。公司自投产至今，累计缴纳税费 2.97 亿元，社会贡献总额达到 5.02 亿元，为地方经济建设和发展做出了应有的贡献。

甘肃傲农饲料科技有限公司

甘肃傲农饲料科技有限公司是傲农集团在西北地区投资设立的一家高科技农牧企业，由傲农集团全资控股。傲农集团是一家以标准化、规范化、集约化和产业化为导向的高科技农牧企业，主营业务包括饲料、养猪、食品、贸易等产业。2017 年 9 月，傲农集团在上海证券交易所挂牌上市（股票简称：傲农生物，股票代码：603363）。

甘肃傲农饲料科技有限公司总投资 1.1 亿元，坐落于甘肃省武威市古浪县双塔工业园区纬一路，占地 80 亩，于 2014 年 11 月各建成年产 12 万吨畜禽饲料生产线和反刍饲料生产线一条。基地采用国际先进的瑞士布勒饲料加工设备，配备近红外色谱仪、722G 可见分光光度计、酶标仪等行业领先的饲料检测仪器，具备保障周边养殖客户需求的饲料生产能力和专业服务能力。

公司自成立以来，便高度重视科技创新和知识产权工作，目前已基本形成“技术有专利，研发有团队，论证有试点，推广有市场”的完整运营模式，先后获得发明专利 29 项、实用新型专利 58 项、外观设计专利 40 项，在研及完成省级项目 3 项、自主设立项目 21 项、内部项目 36 项。同时，公司还被评为国家知识产权优势企业、甘肃省高新技术企业、省级企业技术中心、甘肃省“专精特新”中小企业、甘肃省农业产业化重点龙头企业、甘肃省知识产权优势企业等。

花垣县·湖南

花垣县物产丰美，资源富庶。我们始终坚持创新、协调、绿色、开放、共享的发展理念，以只争朝夕的奋斗姿态，不忘初心，砥砺前行，真抓实干，努力推进美丽、开放、平安、幸福新花垣建设。我们深情地期盼更多有识之士走进花垣，聚焦“精准扶贫”首倡地这片创业热土，再创辉煌。

——花垣县委书记　罗明

“精准扶贫”首倡地的时代答卷

2013 年 11 月 3 日，习近平总书记到湖南省湘西州花垣县十八洞村考察。在这里，习近平总书记首次提出了“精准扶贫”。7 年来，在脱贫攻坚这场波澜壮阔的伟大实践中，花垣县始终牢记总书记殷切嘱托，坚决扛起“精准扶贫”首倡地的政治责任，始终把打赢脱贫攻坚、提高脱贫质量摆在首位，聚焦责任、政策、工作落实瓶颈，积极改革创新，让脱贫致富之花绚丽绽放，折射着属于湘西，属于中国，也属于世界的“脱贫之路”。

◎ 走进花垣

花垣县位于湖南省西部，地处武陵山腹地，湘黔渝交界处，自古有“湘楚西南门户”之称，是“精准扶贫”首倡地，也是著名文学家沈从文小说《边城》原型地和苗族“赶秋”文化发源地。花垣县人文景观独特，民风淳朴厚重。苗族民居飞楼吊脚，别有情趣，民族文化厚实精深，造就了一个歌的海洋、一个舞蹈的王国。苗族的传统节日“四月八”“赶秋”“樱桃会”，浓缩了湘西苗族的风俗民情；猴儿鼓舞、接龙舞、盾牌舞、司刀绺巾舞、椎牛、傩戏、上刀山、下火海等苗族传统文化活动与绝技艺术，向人们展示

了苗家人多姿多彩的绚丽生活。

花垣县县级建制始于明洪武三十年（1397 年），置镇溪军民千户所，分镇溪崇山 124 寨为十里，自高岩河分界，下四里为今吉首地，上六里为今花垣县域，旧称“六里苗地”。清雍正八年（1730 年），设六里同知。雍正十年（1732 年）改六里为永绥厅，治吉卫吉多坪。嘉庆二年（1797 年），升永绥厅为直隶厅。嘉庆七年（1802 年），厅治迁花垣（今县城）。1949 年 11 月和平解放，同时成立县人民政府，治花垣。

花垣矿产资源丰富，已探明锰、锌、页岩气等矿产 20 余种，其中锰矿储量居全省第一、全国第二，铅锌矿储量居全省第二、全国第三，2011 年新探明铅锌矿远景储量达 1000 万吨，潜在价值上千亿元。

花垣自然风光秀美，拥有 1 个国家历史文化名镇、1 个国家 5A 级旅游景区，1 个国家 3A 级旅游景区、1 个国家湿地公园。花垣民族文化厚重，苗族“赶秋”被列入联合国非遗名录，拥有苗族古歌等 5 项国家级非物质文化遗产保护项目、苗族武术等 12 项省级非物质文化遗产保护项目，是“中国民间文化艺术之乡”“全国蚩尤文化研究基地”。

◎ 十八洞村的脱贫之路

风起十八洞，“实事求是、因地制宜、分类指导、精准扶贫”，苗寨人家的晒谷场上，习近平总书记首提“精准扶贫”，一把金钥匙解开了新时代扶贫工作中减贫效率递减的难题。从此，这个被贫困枷锁“困”了千年的小村庄，成了我国反贫困事业进入“精准扶贫”阶段的起跑点、试验田。十八洞村党支部在脱贫攻坚中坚持“群众期盼什么，就带领群众追求什么”，加快脱贫目标顺利实现、乡村振兴有效衔接，2016 年底成为湖南第一批脱贫出列村。

公开公平与群众参与相结合。精准识贫是精准扶贫的基础。根据上级政策，十八洞村按照“一看房、二看粮、三看劳动力强不强、四看家里有没有读书郎、五看有没有病人躺在床”的方法，对群众生产生活情况进行初步摸底，初步摸清全村贫困状况。同时，结合村情实际制定《十八洞村精准扶贫贫困户识别工作做法》，探索出“户主申请→投票识别→三级会审→公告公示→乡镇审核→县级审批→入户登记”贫困户识别“七步法”，经过“三榜三审”，及时张榜公布评选结果，对识别工作实行全程民主评议与监督，把识别权力交给广大群众，确保识别公开公平公正。

典型引路和正向激励相结合。过去，十八洞村部分群众存在“等靠要”思想，“靠着墙根晒太阳，等着别人送小康”现象在村民中不同程度存在。对此，十八洞村坚持扶贫先扶志，坚持做到村里不落一个穷人、不养一个懒汉。探索“村民思想道德星级化管理”，即定期组织召开全体村民道德评比大会，16 岁以上村民全员参与，以村小组为单位，就遵纪守法、社会公德、自力更生、文明风尚等六个方面互相评分，每户按家庭成员人数计平均分，评分结果当场宣布、张榜公示，按得分结果分等级，90 分以上的在家门口贴“五星”牌子，80 分至 90 分的贴“四星”，以此类推。群众评分“争面子”抢先进，精神面貌有了大改善。推行“大评小奖”，坚持每年在总书记来村访贫问苦的 11 月 3 日举办纪念晚会。在晚会上，对通过群众海选、小组评选等程序评出的“最美十八洞人”“最美保洁员”“优秀党员”“最清洁户”“最美农家”等优秀村民颁发荣誉证书，并每人给予 300~1000 元不等奖励。挖掘先进典型树榜样，与团结报社合作，推出《今日十八洞》线上直播，每天实时播报十八洞村点滴变化，重点宣传报道十八洞的典型人物、先进事迹，先后在线直播龙健、龙金丽、施艳琴等一批典型人物的感人事迹，以身边人身边事教育全体村民，营造积极向上、自力更生、爱我家园的浓厚氛围。

实事求是和因地制宜相结合。发展造血产业是实现脱贫的关键之举。十八洞村坚持大力发展脱贫产业，按照实事求是和因地制宜原则，“村里和群众适合干什么，我们就发展什么”，特色种植、乡村旅游、苗绣等产业蓬勃发展。特色种植业方面，针对人多地少问题，十八洞村按照“跳出十八洞发展十八洞产业”的思路，成立花垣县十八洞村苗汉子果业公司，通过股份合作的形式在县农业园区流转土地，建设精品猕猴桃基地，获得了有机产品认证并被评为“出口示范基地”。十八洞村还大力发展黄桃、十八洞黄金茶、中药材等种植产业，大大增加了村民的收入。红色乡村游方面，建成十八洞景区游客中心、精准扶贫展览馆、十八洞地球仓生态智慧酒店等旅游设施，十八洞村获评国家 AAAAA 级旅游景区，村民参与旅游服务及周边产业，农家乐、民宿发展到 20 多家，每家年均收入可达 20 万元以上。民族手工苗绣方面，组建了合作社，与中车株洲电力机车有限公司、湖南工业大学签订合作协议，发展苗绣订单业务，让留守妇女在家门口就业。矿泉水开发方面，村里引进了步步高投资山泉水厂，每年按“50+1”形式给村集体分红。劳务经济方面，加强技能培训，积极与深圳、江浙劳动力市场对接，实现劳动力转移就业。

留住乡愁与彰显美丽相结合。按照总书记"不栽盆景，不搭风景""不能搞特殊化，也不能没有变化"的要求，十八洞村确立了"人与自然和谐相处，建设与原生态协调统一，建筑与民族特色完善结合"的建设总原则，以"修旧如故""把农村建设得更像农村"为理念，坚持改善基础设施，坚决不搞大拆大建，精准实施水、电、路、房、网、环境治理"六到户"和改厨、改厕、改浴、改圈、危房改造"五改"工程。同时，还结合"花垣变花园大行动"，在全村推行"三治三种一创"，即治厕所、治垃圾、治污水；种树、种花、种菜；创美丽农家。几年下来，房前屋后都铺上了青石板，农网改造全面完成，家家通上了自来水，户户用上了放心电，有意愿的都装上了无线网。原汁原味的房子更加舒适宜居美观，美丽乡村与留住乡愁得到完美结合，十八洞村先后获评"中国美丽休闲乡村""国家第一批传统村落示范村"。村里的老人家还将幸福生活编成苗歌传唱："苗家住在金银窝，绿水青山资源多；通水通电又通路，个个过上好生活。"

建强村级组织与发挥党员先锋模范作用相结合。总书记强调，"扶贫开发，要给钱给物，更要建个好支部"。十八洞村坚持加强基层组织建设，以统筹攻坚力量打好打赢脱贫攻坚战。着力建强村党支部，不断完善基层阵地，并推行"湘西 e 路通"，村民办事不出村，多种形式代办各类村级事务。村支部强，党员的引领能力也显著增强。村里修路占地没钱补，党员龙太金主动说："从我家先挖。"探索"党建引领、互助五兴"基层治理模式，即由 1 名党员联系五户群众，"1+5"组建互助小组，从理论学习、生产互助、乡风文明、邻里和谐、绿色家园建设等五个方面，列出"需求清单"和"供给清单"，开展"户帮户、亲帮亲、互助脱贫奔小康"活动。全村共组建互助小组 41 个，实现党员、群众建组全覆盖，以"互助五兴"为抓手，让党员和群众共同融入乡村治理最小单元，构建了"村党支部—互助小组—农户"的三级党建引领基层治理工作体系，逐步实现了工作中心从解决"两不愁三保障"突出问题向迈向乡村振兴转变，聚力形式从外部性帮扶向村民互帮互助转变，取得了较好成效。

◎ 精准扶贫的花垣经验

作为习近平总书记"精准扶贫"重要思想首倡地，花垣县把脱贫攻坚作为最重大的政治任务、最紧要的民生工程来抓。

紧扣精准魂。推进精准扶贫，首先要解决好“要扶谁”的问题。在“如何进”的问题上，花垣县借鉴十八洞经验，通过识贫、校贫、定贫“三部曲”，进行建档立卡户精准识别，“不漏一户，不错一人”，以“识真贫”确保“扶真贫”。在“怎么退”的问题上，以“一超过，两不愁，三保障”为标准，积极探索脱贫认定的环境状况、财产状况、收入状况、能力状况、健康状况“五状况评价体系”，并严格执行《湖南省贫困退出验收细则》有关规定，以“验得实”确保“退得真”。在“日常管”的问题上，严格执行“驻村一月一走访，问题一月一清零，情况一月一报告”制度，重点监测贫困人口变更、因病因灾返贫的贫困户和因病因灾致贫的非贫困户，确保贫困对象第一时间“应进能进、应扶尽扶”。

高举“党建”旗。“火车跑得快，全靠车头带。”花垣县在省委组织部的指导下，坚持党建引领，始终扛牢“第一责任”。县委书记和县长带头，把脱贫攻坚责任记在心上、扛在肩上，建立由党委书记负总责、县乡村层层抓落实的脱贫攻坚责任制，制作流动红旗，激励真抓实干。着力建强“基层堡垒”。率先设立乡镇扶贫办，并配备专干 2 名以上，设立基层干部人均 1 万元的脱贫攻坚单项奖。通过换届，把致富能人选入村“两委”班子，公开选聘大学生村主干到村任职。实行“一肩挑”的村党支部书记年均报酬提高到 5 万元，村年运转经费超过 21 万元。完善村级服务中心，率先推行“湘西 e 路通”信息化便民服务工程，实现“村民办事不出村”。扎实开展驻村帮扶，实行“县领导联乡、单位包村、工作队驻村、党员干部入户结对”，全县所有村和社区帮扶单位“全覆盖”，单位“一把手”每月到村督促检查 1 次，帮扶干部每月入户 1 次，工作队（组）每月驻村 20 天、宿村 15 晚，与村民“同吃同住同工作”。

除去“软骨”病。花垣县始终坚持扶贫先扶志，扶贫必扶智，激发群众脱贫内生动力。党群互联，由 1 名党员联系 5 户普通群众建立互助小组，全面推行“学习互助兴思想、生产互助兴产业、生活互助兴文明、邻里互助兴和谐、生态互助兴家园”“党建引领，互助五兴”的农村基层治理模式，构建全县上下一盘棋、党群互助攻坚大格局。壮大集体经济“树信心”，支持贫困村发展集体经济，探索出村企联建壮大一批、盘活资源培育一批、政策兜底保障一批、特色产业帮扶一批的“四个一批”村集体经济发展模式，彻底消灭“空白村”。提升脱贫能力“强本领”，帮扶贫困户既注重让口袋鼓起来，更让脑袋富起来。把技术培训办到田间地头、送进农家小院，涌现出党的十八大代表田金珍、“让妈妈回家”苗绣基地发起人麻正兵等一批创业带动能人。借力“东西协作”，在深圳、宁波、济南、长沙等地设立劳动力转移就业服务中心，加大对外出务工人员的技术培训和精准帮扶，有序输出贫困劳动力。

练好“造血”功。花垣县依托农业园区平台，积极培育新型农业经营主体，大力发展现代特色农业，切实强化扶贫产业利益联结和风险防控，探索出了“资金跟着穷人走、穷人跟着能人走、能人跟着产业项目走、产业项目跟着市场走”的“四跟四走”产业扶贫新路子。一是“矿业转农业”，矿企转型引领产业转型。加快产业结构调整，着力破解“一矿独大”困境，出台一系列优惠政策和奖补政策，大力扶持县内工矿企业从第二产业退出进入第一产业，投入绿色生态农业，优先发展湘西黄牛、茶叶、蚕桑等“一特两辅”优势产业，适当规模发展乳鸽、油茶、中药材、烤烟等特色产业。二是“老板带老乡”，政府引导开展精准帮扶。通过政府引导、企业带动、农户参与，大力发展订单农业，培育壮大村集体经济。龙头企业引领产业开发，按照“政府扶助、企业带动、群众发展”三位一体关系，形成“农户＋公司（合作社）＋基地”的扶贫产业发展模式，发展“订单”农业，并实行农产品订单收购和电商上行建设奖补政策，着力构建风险共担、利益共享的联结机制，提高产业和农民进入市场的组织化程度，破解老百姓农产品“卖难”问题。同时，在每个村建立一个村社高度合一农村集体经济组织，采取“农户＋村集体经济联合社＋新型农业经营主体”的产业帮扶模式，打造“脱贫致富利益共同体”，快速带动村集体经济产业发展。2020 年，全县 217 个村集体经济收入均在 5 万元以上，45% 的村达 10 万元以上。三是“资本变股本”，创新模式助推农户脱贫。针对部分贫困群众自身发展能力不强，扶贫资金到户产出效益不高等问题，引导贫困群众通过股份合作、委托帮扶等形式入股龙头企业，形成“四跟四走”产业扶贫新路子。“农民成社员”，企业带动拓宽致富门路。引导农村土地承包经营权有序流转进入龙头企业，鼓励龙头企业吸纳贫困群众就业，贫困农民华丽变身，成为既有流转金又挣工资的“新农民”。

斩断“贫穷”根。始终坚持民生优先，补齐“短板”。一方面，“精准减免补”，斩断因学致贫之根。实施建档立卡贫困户及城乡低保户贫困生资助全覆盖工程，除减免学前教育和高中（中职）阶段的保教费、学杂费外，学前、小学、初中、高中（中职）学段每生每年还分别给予 1000 元、1500 元、2000 元、2500 元、3000 元生活补贴，山东蓝翔技师学院十八洞分院免费培训 832 名建档立卡贫困户子女、学员，职教职业技能培训实现了“培训一人，脱贫一户”的目标。全面落实“先诊疗后付费”“一站式”服务等政策，贫困群众县域内住院报销比例达 85% 以上。另一方面，“啃下硬骨头”，斩断设施致贫之根。整合资金，大力实施水、电、路、网等基础设施改善工程，全县所有自然寨全部通水泥（沥青）路，建制村 100% 通客班车；全县农村自来水普及率达 87.06%，解决 25.62 万农村人口饮水安全问题；全县 142 个贫困村全面完成农网升级改造，所有村实现宽带、4G 和光纤全覆盖，农村群众生产生活条件得到极大改善。

◎ 老挝前国家主席本扬·沃拉吉探访十八洞村

2018 年夏天，应邀来华访问的时任老挝人民革命党中央委员会总书记、国家主席本扬·沃拉吉结束在北京的行程后，马不停蹄地赶赴花垣县十八洞村，实地探寻“精准扶贫”的中国经验。这座地处武陵山脉腹地的苗家小村寨，首次迎来一位外国元首的到访。

边走边看、边看边问，本扬踏着习近平总书记走过的路线，探寻十八洞村的“脱贫密码”，并与十八洞村村民围坐在一起聊家常。听村民们讲述十八洞村的今昔对比，本扬说，“我们要认真学习借鉴中方‘精准扶贫’的做法和经验，争取到 2020 年摆脱国家欠发达状态。”本扬的到访，让十八洞村的“国际范”更足了。

为了感谢乡亲们的友好接待，回到老挝不久，本扬就给十八洞村送来了一个“回礼”，礼物是一个银质的芦笙。

日子越过越红火，幸福的村民们萌发了给本扬写信的念头。村支“两委”先后召开党员代表大会和村民代表大会，请大家就信件内容集思广益。“要写他来之后村里的变化”“他走访的几户人家都写一写”“邀请他和更多的老挝兄弟再来做客”……大家你一言我一语，汇

ເຖິງ: ປະຊາຊົນບ້ານ 18 ຖ້ຳ, ຕາແສງຫລົງເຈິນ, ເມືອງຮົວປວນ, ແຂວງຫູນານ, ສປ ຈີນ.

ບັນດາສະຫາຍທີ່ຮັກແພງ,

ກ່ອນອື່ນ ຂ້າພະເຈົ້າຂໍສະແດງຄວາມຂອບໃຈເປັນຢ່າງສູງທີ່ປະຊາຊົນບ້ານ 18 ຖ້ຳ ບ່ອນທີ່ຂ້າພະເຈົ້າເຄີຍໄດ້ໄປຢ້ຽມຢາມໃນ ປີ 2018 ຜ່ານມາ ໄດ້ສົ່ງຈົດໝາຍໄປຢ້ຽມຢາມຖາມຂ້າພະເຈົ້າໃນເດືອນເມສາ 2019 ທັງໄດ້ສົ່ງຄຳອວຍພອນອັນປະເສີດ ໃນໂອກາດປີໃໝ່ລາວໃຫ້ແກ່ຂ້າພະເຈົ້າພ້ອມຄອບຄົວ, ເຊິ່ງເປັນການສະແດງໃຫ້ເຫັນມິດຕະພາບທີ່ມີມູນເຊື້ອລະຫວ່າງ ປະຊາຊົນສອງຊາດ ລາວ-ຈີນ.

ຂ້າພະເຈົ້າຍັງຈື່ບໍ່ລືມບັນຍາກາດອັນອົບອຸ່ນ, ສະໜິດສະໜົມຂອງຊາວບ້ານໃນການຕ້ອນຮັບຂ້າພະເຈົ້າ ແລະ ຄະນະຜູ້ແທນລາວ ໃນປີຜ່ານມາ ແລະ ຍັງເຫັນໄດ້ບັນດາຜົນສຳເລັດຮອບດ້ານຂອງບ້ານ 18 ຖ້ຳ ໃນການລຶບລ້າງຄວາມທຸກຍາກໃນໄລຍະອັນສັ້ນໆ ພາຍໃຕ້ການຊີ້ນຳທີ່ສຳຄັນ, ຖືກຈຸດ ແລະ ຖືກເປົ້າໝາຍ ຂອງ ສະຫາຍເລຂາທິການໃຫຍ່, ປະທານປະເທດ ສີຈິ້ນຜິງ ໃນຊຸມປີຜ່ານມາ ອັນໄດ້ເຮັດໃຫ້ບ້ານ 18 ຖ້ຳ ມີໃບໜ້າໃໝ່, ປະຊາຊົນໄດ້ມີຊີວິດການເປັນຢູ່ທີ່ດີຂຶ້ນເລື້ອຍໆ. ຜົນສຳເລັດຂອງບັນດາສະຫາຍໄດ້ເປັນບົດຮຽນອັນປະເສີດໃຫ້ແກ່ປະຊາຊົນ ສປປ ລາວ ພວກຂ້າພະເຈົ້າທີ່ພວມສູ້ຊົນແກ້ໄຂຄວາມທຸກຍາກ ເພື່ອນຳເອົາປະເທດຊາດອອກຈາກສະພາບດ້ອຍພັດທະນາໃນຕໍ່ໜ້າ.

ຂໍອວຍພອນໃຫ້ປະຊາຊົນບ້ານ 18 ຖ້ຳ ຈົ່ງມີສຸຂະພາບເຂັ້ມແຂງ, ສືບຕໍ່ຍາດໄດ້ຜົນສຳເລັດ ໃໝ່ໃນການພັດທະນາບ້ານຕາມແນວທາງຂອງພັກ, ລັດ ສປ ຈີນ.

ນະຄອນຫຼວງວຽງຈັນ, ວັນທີ 24 ເມສາ 2019

ບຸນຍັງ ວໍລະຈິດ
ເລຂາທິການໃຫຍ່ ຄະນະບໍລິຫານງານສູນກາງພັກ
ປະຊາຊົນປະຕິວັດລາວ, ປະທານປະເທດ ແຫ່ງ ສປປ ລາວ

成了寄往异国他乡的款款深情。

仅仅一个半月后，本扬的回信就送到了村里。回信的标题是：“致中国湖南省花垣县十八洞村的父老乡亲们”，信的抬头，他称呼十八洞村民为“亲爱的同志们”。本扬写道，“老挝新年到来之际，乡亲们给我送来了信函问候，向我及我的家人表达了良好的祝愿，这充分体现了老中两国人民的亲密情谊”。

“去年考察期间，乡亲们给予了我及代表团一行亲切友好的接待，对此我仍记忆犹新。”本扬在信中深情回顾了到访十八洞村的情景并表示，“当前，老挝正在全力开展扶贫脱贫，致力于摆脱欠发达状态，十八洞村的成功实践给老挝提供了十分宝贵的经验。祝大家身体健康，继续在中国党和政府路线的指引下把你们的村庄建设、发展得更加美好。”

◎ 花垣，美丽的花园

脱贫后的花垣县经济发展了，乡风文明了，风景更是这边独好，我们不妨到花垣县走走看看，您会真切感受到，花垣就是一座美丽的花园。

我们先沿着总书记的足迹，到十八洞村看看。2013 年 11 月 3 日，习近平总书记来到十八洞村调研，走进苗寨，与苗族同胞促膝谈心，提出了“实事求是、因地制宜、分

类指导、精准扶贫”十六字方针，并明确提出了“可复制”“可推广”的原则。从此，十八洞村成了全国新一轮“精准扶贫”工作的“摇篮”。随后，花垣县委扶贫工作队进村，开展精准扶贫。全国的精准扶贫从这里出发。2020年3月12日，湖南省文旅厅公布了7条“锦绣潇湘”湖南旅游精品线路，花垣县十八洞村等湘西州9个精品景区景点成功入选“魅力湘西·世界遗产游（大湘西板块）”精品旅游线路。

茶峒镇。茶峒位于湘、黔、渝三省（市）交界处，始建于清嘉庆八年（1803年），有“一脚踏三省”之称，属湘西的四大名镇之一。诗云：“边城胜景令人醉，疑是身在画中游。”著名文学家沈从文以茶峒为背景，写出小说《边城》，驰名中外。茶峒也因小说《边城》而更加闻名。《连心坝》《边城》等影片，均在茶峒拍摄外景。许多慕名而来者以沈从文的小说《边城》为导游图，寻觅白塔、石碾和船夫的坟。踏青石古道，登水边吊脚楼，听月光下飘来的渔歌，回味那美丽动人的故事。

在双龙镇，大、小龙洞瀑布非常壮观。大龙洞瀑布水流从214米高的绝壁洞口中喷出，形成20米宽的瀑布飞流直下，声如惊雷，飞浪纵横，水沫腾空，气势磅礴，整个山谷烟云弥漫、雾气蒙蒙。瀑布远看如白练悬空，近看似银河泻自天际，有“天下第一洞瀑”之称。遇上晴天，阳光斜照，水雾中化出五彩长虹，艳丽夺目，蔚为壮观。瀑布所在的大龙洞风景区内溪河纵横，溶洞暗河相连；奇峰突兀，怪石林立，古树参天，野藤蔓延，其间不乏奇花异果、珍禽异兽。

小龙洞瀑布位于双龙镇一处U形山岩间，悬崖高达300～500米，有小龙瀑、窟索瀑、护潭瀑、蟹将瀑4条瀑布从百米以上的绝壁上飞流直下，一齐泻入一处深潭，响声如雷，烟雾弥漫，各具特色。小龙瀑最大落差147米，声势磅礴。窟索瀑洞口威严，流水汹涌。护潭瀑水落如纱，含情脉脉。蟹将瀑姿态婆娑，美丽妖娆。瀑布时而落在崖壁，如雾如烟，时而落入深潭，像是阵阵松涛。

在花垣县石栏镇，有一片石林，石林内一尊尊巨石拔地而起，有的高40~50米，恰似巨笋，犹如栏杆，所以当地人称之为雷门石林——"石栏杆"。这些千姿百态的

座座巨石，激发了人们的丰富想象，他们给峋嶙的山石取了一个个动人的名字，赋予一段段美丽的传说，有“望夫岩”“南天门”“登天梯”等。最为神奇的要算那“望天窗”，这是一柱高 40 多米的巨石，中间是空的，一石门能容纳一人出入，进去丈余，豁然开朗，内壁有螺蛳形的石级盘旋而上，到达石柱的顶端，往下看，整个石栏杆尽收眼底。

在花垣县麻栗场镇，坦坦的平原台地上，一座独山突兀在你的眼前。首先看到的是它的挺拔和秀丽，但行至山脚，此山变得格外陡峭险峻，犹如一支墨浓欲滴的巨笔直指蓝天，仿佛要在碧空玉宇写上凝思已久的人间诗赋，这就是尖岩山。清末一秀才路过此地，脱口吟出一联“尖岩似笔，倒写青天一张纸”，至今未有人对出下联。

最后，我们看看古苗河。古苗河发源于花垣境内，是一条古老而神奇的河，是苗族人民的母亲河。古苗河又以她灿烂多彩的风光和民俗风情，伴随着国家西部大开发的春风，崛起于中华民族文化之林。古苗河的两岸山峰耸峙，顺环山腰而建的扶梯木板路向景区深处前行，一路风景殊绝，有白水河、“雄狮迎驾”“蚩尤巡疆”“天兵天将”“万卷天书”以及融险、美于一身的七梯岩瀑布等景点，传说这些景点全是由战神蚩尤和他的女儿、部下幻化而成。这里年平均气温为11.4摄氏度，夏季平均气温不超过30摄氏度，有“天然空调”“大氧吧”的美称，是避暑的风水宝地。

花垣，在总书记的亲自指导下，在新时代交出了一份完美的精准扶贫答卷。但是，花垣人民并没有停下前进的步伐，他们要创造出更加辉煌的成就，为中华民族伟大复兴做出新贡献。

◎ 名优特产

十八洞黄金茶。黄金茶，原生湘西的古老茶树品种。明嘉靖十八年（1539年）始为人知，因“一两黄金一两茶”之题赞而得名。进入21世纪，人们将百年古树母本经现代农业科技繁育培植，精心加工，制成湘西黄金茶，因其品质出众，又得“四高四绝甲天下”之美誉。十八洞黄金茶产于湘西深山，无污染，纯天然。它打破了茶叶界“高山出好茶”的定律，在280~500米的低海拔地区产出，茶氨酸含量在6%以上，是目前中国茶氨酸含量最高的绿茶之一。目前，主要产品有黄金绿茶和黄金红茶。

十八洞猕猴桃。十八洞村盛产红心和黄心的富硒猕猴桃。十八洞猕猴桃种植地是全国三大天然富硒带之一，是湖南唯一的天然富硒区。硒作为人体的必需元素，具有抗癌、抗衰老、增强免疫力、拮抗有毒重金属离子等作用，被誉为“生命的火种”。这里的猕猴桃采用有机种植标准，一棵树用 80 斤有机肥。果子熟透后，很柔软，撕开皮，一股入清香扑鼻而来，入口即化，很甜，每个吃到十八洞猕猴桃的人无不赞誉有加。

湘西黄牛。湘西黄牛是湘西地区独有的黄牛品种，肉香浓郁。肉质细嫩，口感柔韧，富有嚼劲，营养丰富。湘西黄牛历史悠久，品质优良，因其稀有不可复制性，一直是国家级地方优良珍稀品种。2006 年国家农业部将其列入国家资源保护名录，2007 年又被选入国家种质资源基因库。2009 年，湘西黄牛成为国家首个湘西州养殖业地理标志农产品，2011 年再次被国家纳入培育发展战略性新兴产业目录，享受“国宝”待遇。

◎ 重点项目

高效全钒液流电池用钒电解液的制备开发项目。钒电解液作为全钒氧化还原液流的活性物质，是电池最重要的组成部分，被称为“电池的血液”，产品附加值高，市场前景好。湖南三丰钒业有限公司自主研发项目突破全钒液流电池用钒电解液的制备，弱酸安全生产和使用，稳定和延长电池的使用寿命，新法合堆，无害化回收 4 项关键性技术，制备全钒液流电池用钒电解液。公司将建设一条 5000 吨 / 年钒电解液生产线，项目全期为 3 年，投产后可实现累计销售收入 1.55 亿元，利税 3100 万元。

7 万亩茶叶种植基地及茶叶加工建设项目。项目建设内容主要为茶叶基地 7 万亩管护，其中有机茶 1 万亩；建设红、绿、黑茶精加工生产线各一条，保鲜库一座，茶叶包装线一条，茶文化广场一处。项目计划总投资为 1.5 亿元，预计实现销售收入 2.4 亿元，实现利润 4780 万元。项目建设单位将以“龙头企业 + 贫困对象 + 产业项目 + 农户”的新模式，与农户签订种植购销合同，与农户建立风险共担、利益共享的利益联结机制。

标厂招租、企业入驻孵化招商项目。湖南湘西国家农业科技园区（花垣核心区）规划重点建设项目 43 个，规划总投资 150 亿元，2018 年顺利通过国家科技部验收。入驻园区标准厂房的企业免 3 年租金，流转土地的企业可以享受土地流转金 50% 的奖补。在园区核心园建设生产厂房和科研用房，使用建设用地的企业，以土地出让价款为标准，可以享受土地出让金 50% 的奖励，投资额在 3000 万元以上的优先供地。返乡农民工、大中院校毕业生来园区就业、创业，凡是入驻园区企业可享受“助保贷”贷款及其他贷款。

◎ 重点企业

湖南东方矿业有限责任公司

公司成立于 2010 年 7 月 9 日，设计规模年产 15 万吨电解金属锰生产线，总投资 12.59 亿元，首期 5 万吨电解锰生产线已建成投产，年均创造税收 2000 余万元，安排就业人员共 1380 人。公司下辖一家贸易公司，拥有储量约 600 万吨大型碳酸锰矿山，年开采能力 20 万吨，形成了“采、选、冶炼＋贸易”一条龙的现代化经营发展模式。公司被评为“全国生产经营二十强品牌企业”。

湖南三立集团股份有限公司

公司主要从事有色金属冶炼的大型股份制民营企业，总资产 7.68 亿元，员工 600 多人，电解锌生产能力 10.5 万吨 / 年，硫酸生产能力 12 万吨 / 年，金属镉生产能力 2000 吨 / 年。企业于 1999 年通过了 ISO 9000 质量体系认证，“三立”牌商标被认定为中国驰名商标。公司被评为中国铅锌冶炼行业十强企业和十大著名品牌，历年荣获全国重合同守信用企业、高新技术企业等国家、省州县的各类荣誉称号。

花垣五龙农业开发有限公司

公司成立于 2013 年，是一家集茶叶种植、加工、营销、科研、茶文化旅游多功能

开发为一体的民营企业。公司高质地开发了茶园 10200 亩，改造了老茶园 1000 多亩，建成占地 30 亩的园林式精加工全自动红、绿茶生产线各一条，所加工生产的“十八洞黄金茶”“十八洞五龙云雾茶”和“十八洞五龙红茶”已获得国家绿色食品认证，“十八洞黄金茶”“十八洞野生红茶”获 2020 第十二届湖南茶叶博览会“茶祖神农杯”金奖。

宽甸县·辽宁

宽甸满族自治县山清水秀，物华天宝，人杰地灵。宽甸人民诚望与海内外有识之士携手合作，共同建造经济发达、社会进步、环境优美的边境生态旅游名城。宽甸——鸭绿江畔的明珠，美丽的“东北小江南”，必将更加绚丽多彩、璀璨夺目。

——宽甸满族自治县委书记　刘希明

美丽的“东北小江南”

长白山麓，鸭绿江畔，镶嵌着一颗瑰丽的明珠，它就是宽甸满族自治县。宽甸地处边陲，是辽宁省最大的边境县，也是辽宁唯一一个生态旅游实验区。宽甸山水风光以其独特、险峻、奇秀、幽艳而著称，被誉为“东北小江南”。勤劳勇敢的宽甸人用汗水和智慧，把这片美妙的宝地建设成了生机盎然的热土。今天，让我们一起来感受一下“东北小江南”的韵味，领略它神秘而秀美的风采。

◎ 宽甸印象

宽甸之名源于宽甸子，始于渤海时期，因地势平坦，土壤肥沃，宜于耕种、狩猎而取其名。早在五千多年前的红山文化时期，汉、满、朝鲜族祖先的部族就在宽甸区域劳作繁衍。战国属燕辽东郡，汉属西安平县，唐归安东都护府，元设婆娑府。明时曾写作“宽佃”，后改为“宽奠”（堡），取“稳固内地与边疆联系，据膏腴，扼要害，边防永定”之意。清代视宽甸为“龙兴重地”，修筑柳条边护防，成为其发祥地，光绪三年（1877

年）建宽甸。1989 年 9 月 7 日，经国务院批准设立宽甸满族自治县。

宽甸有满、朝鲜、蒙古、回、锡伯、壮、黎等 18 个少数民族，其中满族人口 24.7 万人，占总人口的 59.6%。各族人民在长期聚居中，互相学习，和睦相处，为开发、建设和保卫宽甸这块土地贡献了各自的力量和才智。

宽甸是全国著名的长寿之乡，90 岁以上老人近千人，百岁以上 20 多位。史上就有过被称为“东亚人瑞”的长寿老人阮国长（1760—1924），他的头发“三黑三白”，牙齿“三落三出”，其去世后，奉天省公署赠“东亚人瑞”匾额，宽甸知事赠送挽联“两朝七帝五总统，一百六十四春秋”。

宽甸红色旅游资源丰富。在中日甲午战争中，当地民众抗击入侵日军，一举收复宽甸，史称“宽甸大捷”，是中国抗日史上历史性的胜利。抗日战争时期，杨靖宇将军率领东北抗日联军第一军在宽甸创建抗日游击根据地，并建立了丹东第一个红色政权——四平乡政府。解放战争时期，我东北民主联军第四纵队在新开岭地区（宽甸与凤城交界，行政区划调整前隶属宽甸县灌水镇），全歼国民党军号称“王牌千里驹”的第二十五师，首创东北我军全歼一个整师的辉煌战绩，为此毛泽东主席亲自起草了中央军委嘉奖电报。抗美援朝时期，长甸河口作为抗美援朝战争的后方基地和志愿军三大渡江地之一，承担着志愿军过江、保证前线补给和运输线路安全的重要工作，也是毛岸英烈士在祖国留下最后足迹的地方。

◎“东北小江南”

宽甸生态环境优良，林地总面积 741 万亩，森林覆盖率达 78.4%，被誉为“天然氧吧”。鸭绿江、浑江、半拉江、瑷河、蒲石河、南股河、北股河、大安平河、雅河等主要江河形成“三江六河”水系，是国家水源涵养型重点生态功能区。春天，山花烂漫，争奇斗艳；夏季，天华山、天桥沟、青山沟幽谷清凉；金秋，万山红遍，层林尽染，漫山都是靓丽的“枫”景；冬季来临，山河莽莽，银装素裹，美不胜收。穿行于青山绿水之间，仿佛步入山水画卷，天高云淡，青山飞瀑，鸟语花香，如诗如画、如酒如歌。宽甸的旅游资源极其丰富，山川名胜天然相连，坐拥风光旖旎的自然盛景，有鸭绿江河口、青山沟 2 个国家重点风景名胜区，天桥沟、天华山 2 个国家 AAAA 级旅游景区，天华山、黄椅山、花脖山3个省级风景名胜区和森林公园，三道湾省级乡村旅游重点村。2020 年 11 月 16 日，宽甸入选 2020 中国最美县域。

宽甸“四美”。第一是山美。宽甸的山属于长白山余脉千山山系，山奇、峰峻、峡险、涧幽，群山巍峨，千姿百态。第二是水美。宽甸水资源极为丰富，域内大小河流 549 条，三江六河纵横驰骋，蜿蜒曲折，贯穿全境，山水相依，形成独特景观。第三是人美。宽甸人胸怀宽广，善良淳朴，为人实在。有很多外地人评价：宽甸人的优点是实在，缺点是太实在。与人相处时，宽甸人不太善于言表，但表里如一，实实在在。第四是环境美。宽甸无山不美，无水不秀，南部湖光山色，风景秀丽，北部群山逶迤、峰峦叠翠，整个宽甸就是一个大景区，可以说村村有景、处处可游。

宽甸“四特”。第一个“特”是特别纯净。这里空气纯净，宽甸森林覆盖率达 78.4%，在核心景区覆盖率可达到 99.8%，是辽宁省森林覆盖面积最大的县，空气中的负氧离子含量极高，氧气含量是一般城市区的百倍以上，在天桥沟、天华山等景区，负氧离子含量在 4 万以上，是天然氧吧和重要水源涵养地。这里水流纯净，水质均达到国家二级以上标准，可直接饮用。这里物产纯净，因生态好，空气纯净、水流纯净，这里的美食均是绿色无污染的食品。第二个“特”是特别清爽。宽甸属于亚热带半湿润季风气候，冬暖夏凉，夏季平均气温 24 摄氏度，冬季平均气温 -10 摄氏度，可谓冬无严寒，夏无酷暑。第三个“特”是特别神秘。这里有一条具有国际影响力的界江——鸭绿江，是世界上唯一一条不以主航道为界的界江，也是难得的清水江，也就是说，在鸭绿江上，只要你不上岸就没有越境。朝鲜在国人心中有着一抹神秘的色彩，在游船上，可以近距离观赏朝鲜两道六郡的异国风情。第四个“特”是特别多彩。一方面是颜色多彩：宽甸四季分明，春天山花烂漫，夏天青山绿水，秋天满山红叶层林尽染，冬天银装素裹，白雪皑皑，整个四季宽甸就是一幅七彩图。曾有人把宽甸比作“东方色都”。正因为这样，每年都吸引海内外摄影爱好者到宽甸来拍摄。另一方面是文化多彩：宽甸民俗风情浓郁，有 18 个民族，满族、朝鲜族所占比例较大，其中青山沟满家寨和下露河朝鲜族民俗村更是富有浓郁的民俗风情。

宽甸“四必看”。如果您来到宽甸，那我告诉您，这里有“四必看”，可千万别错过。第一是“必看水”。鸭绿江因水色青绿，恰似鸭头而得名，是世界上少有的清水江。江上水面最开阔的水丰湖，是鸭绿江六大景区中面积最大的一个，也是黄河以北最大的淡水湖。黄椅山景区的玄武湖形似太极八卦图，因岸边有 800 万年前火山喷发留下的玄武岩柱林而得名，近处看似刀削斧劈一般，世间罕见。同时，火山大峡谷漂流也是黄椅山夏日游玩最大亮点之一，最适合孩子们在暑期游玩、科普，漂流时观赏岸边火山峡谷壁画、石检奇观，体验在矿泉水上漂流的新奇快感。青山湖水域辽阔，湖水清澈碧绿，沿湖口登船北上，千年松神、青铜壁、盛夏冰凌、五龙喷泉、流花岛及著名的中国画家村等秀丽的景观，伴随一个个古老传奇的神话传说，令人陶然入境。百瀑峡景区曾被我

国著名的风景园林专家胡启来先生称为“东北第一峡”。它以瀑多、水澈、泉盈、山险、石怪为主要特点。尤其从那峰巅上涌出的泉水更为新奇，千曲百折，漫谷穿峡，形成大小瀑布近百个，组成了一个庞大的梯形瀑布群，这在辽宁东部山区乃至全省罕见，令人目不暇接、心扉震颤。

第二是“必看山”。黄椅山为地质史第四纪火山喷发玄武岩堆积而成，火山锥体突出，火山口、火山壁保存完整。火山喷发岩浆形成的石林、石柱、石窟千姿百态，规模宏大，具有很高的科研和旅游价值，是东北亚地区极具代表性的一座火山。天华山山泉激越奔涌，林木郁郁葱葱，岩石形态各异，洞峡奇妙幽深，险峰巍峨屹立，以奇、幽、险、秀著称，素有“旷世佳境、万景奇山”之称。花脖山是辽宁省第一高峰号称“辽宁屋脊”。千余亩的“石湖”一望无际，险峻异常，是第四纪火山运动将海底席卷云天形成的奇峰。天桥沟景致之美，既不同于我国传统名胜的“五岳”，又别于长白诸景。莲花峰、玉泉顶、晓月峰峰回路转，山势险绝，居高临下，云海苍茫，奇石叠起，妙趣横生。白石砬子群峰耸立，古木参天，群峰中有三座山峰形似倒扣着的大缸，集雄、险、旷、奇、幽为一体。

第三是“必看花”。每年的 5 月间，河口的万亩燕红桃林依山傍势，漫山遍野，依偎在鸭绿江边，形成壮观的桃花景象。歌曲《在那桃花盛开的地方》原创地就在河口。低洼处绿草丛生，五颜六色的野花点缀着江边绿地，一群群的牛羊更是添加了一道亮丽的风景线。到了 6 月初，游客们会欣赏到独特的油菜花海，这里有山、有水、有花草、有牧地、有牛羊，有渔船，更有人们的欢声笑语。秋天的宽甸迷人而醉人。从 9 月末开始，整个宽甸就是一个大红枫谷，有枫叶谷、枫叶沟、枫叶坡、枫叶路、枫叶峰，从红、黄、绿相间到漫山红叶层林尽染，让人陶醉。而且，因品种优良，水量充沛，气候宜人，宽甸的枫叶最红最艳，每年都吸引很多国内外摄影爱好者前来采风。

第四是“必看舞”。在宽甸青山沟景区中华满族风情园，具有浓郁民族风情的大型满族乐舞《八旗山水谣》为美丽的山水平添一抹迷人的色彩。《八旗山水谣》是东北首台以满族民俗文化为主题的大型歌舞表演，对满族古老的历史、文化、民俗进行了代表性演绎。形体语汇丰盈，内容诠释新奇，演出融满族说唱音乐、戏曲音乐、宫廷音乐、萨满祭祀音乐和民歌音乐于一体。节奏讲究，衔接圆融，高潮迭起，华彩不断，具有婉

约、奇崛、清新、震撼之美，是一幅溯源民族之根和民族之魂的活动版画卷。《八旗山水谣》表现了正宗、古朴、神圣的满族文化，给观众带来一场民族风情的视觉和听觉盛宴，深受游客的欢迎。

四样“用不上”。在宽甸还有四样“用不上”，非常有趣。一是空调用不上。宽甸地处亚热带半湿润季风气候，冬无严寒，夏无酷暑，雨热同季，当全国各地饱受酷暑困扰时，这里平均气温仅 24 摄氏度左右，且早晚温差大，夜间气温在 17 摄氏度左右，空调根本派不上用场。二是蚊帐用不上。宽甸都是流动水，且水质清澈、植被丰富，尤其是一些蕨类植物与蚊子相克，所以，夏天没有蚊子，不需要蚊帐。三是口罩用不上。宽甸常年光照充足，空气清新，完全看不见雾霾的影子，您可以尽情地深呼吸，加之负氧离子的含量高，没有戴口罩的必要。四是太阳镜用不上。宽甸没有刺眼的阳光，没有必要戴太阳镜。另外，宽甸的四季色彩丰富且养眼，戴太阳镜也会影响欣赏美景。

◎ 宽甸美食攻略

来了宽甸，一顿鸭绿江鱼宴一定会让您过足吃鱼的瘾。鸭绿江“全鱼宴”，选用鸭绿江野生鱼类水产品为主要原料，集江鲜、河鲜之大全，精心烹饪而成。代表菜肴有连年吉利（大锅炖鲤鱼、鲶鱼、鲫鱼、鲢鱼）、红运当头（鲢鱼头）、五谷丰登（花鲫鱼）等，鸭绿江鱼绿色无污染，肉质鲜美，营养丰富，美味可口。

宽甸的满族八大碗更有少数民族风情特色，也是必品大餐。宽甸满族自治县历来是满族人口聚居的地方，满族风情浓郁，并创造出独具宽甸特色的“宽甸满族八大碗”——

阿玛尊肉、年猪烩菜、扒猪手、蛤蟆锅、笨鸡炖粉条、河蟹豆腐汤、养生豆花、地甲皮汤。食材均取自当地，绿色有机无污染，富含大量对人体有益的蛋白质、氨基酸、维生素等，有利于人体健康。八大碗往往用于宴客之际，每桌八个人，桌上八道菜，上菜时都用清一色的大海碗，看起来爽快，吃起来过瘾。

还有一个“山珍宴”，也是必品的宽甸名宴，听名字就很有吸引力。山珍宴所用原料较多，烹调方法也较多。常用的有烧、炒、扒、焖、烤、炸、炖、熥、卤、酱、炝、拌、白煮等，展现了地道的原汁原味、绿色有机、安全放心的特色，具有鲜、香、软、滑、嫩等特点，肥而不腻，鲜而不懈，具有淡而不薄，口味醇厚，营养丰富，滋补养颜。

最后是宽甸的“满乡羊汤”。羊汤以辽东特产绒山羊为食材，辽东绒山羊食野生中草药，喝天然山泉水，远离化肥、农药，无污染、无毒害，是名副其实的绿色有机食品。经铁锅秘方熬制，肉质细嫩，易消化，高蛋白、低脂肪、含磷脂高，无“三高”之威胁，羊肉补肾壮阳，补气滋阴，暖中补虚，开胃健身，故民间云“想长寿，吃羊肉”。

◎ 吹响经济绿色发展冲锋号

经过多年绿色发展实践，宽甸形成了清晰的发展思路，积累了丰富的发展经验，积淀了良好的发展基础，全力打造丹东绿色发展新高地。宽甸坚持“生态立县、旅游强县”一张蓝图绘到底，始终保持战略定力，善于抢抓发展机遇，心往一处想，劲往一处使，拧成一股绳，在绿色发展、可持续发展上拿出创新性举措，全县经济社会出现更多新变化，各项工作呈现更多新亮点，实现更多新突破。

着力在推动转型升级上求突破。在做精做优现代农业方面，宽甸推动特色农业规模化发展，实施“鸭绿江边境特色产业廊带”规划，推行山上、平地、庭院、沿江“三位一带”立体发展模式，加快红松果材兼用林、油栗、暖棚蓝莓、大榛子、满族道地药材等种植基地建设，持续推进古楼子、虎山、杨木川“蓝莓小镇”建设，积极打造牛毛坞、八河川优质食用菌产业集聚区，加快推进果品、食用菌、中药材、板栗专业化市场建设；推动绿色农业品牌化发展，全面推行农产品绿色标准，着力抓好绿色环境、绿色技术和绿色产品建设；围绕“一乡一业”“一村一品”，打造一批宽甸“老字号”“老味道”产品，叫响宽甸鸭绿江冷水鱼、河口燕红桃、宽甸香菇等一批农产品区域公用品牌。在推进工业结构优化方面，编制工业经济发展规划，规范发展传统矿山企业，助推产业转型升级；积极盘活矿山企业，加快新一轮技术改造；加强企业与高校、科研机构的深入合作，推进技术开发，支持企业改造升级；做强新型工业，加速培育新动能，拉长产业链条；大力发展“飞地经济”，实现 22 个乡镇“飞地”项目全覆盖；加强“小升规”“规升巨”企业培育，提高规模以上工业企业体量和质量。在促进服务业提档升级方面，深入推进国家全域旅游示范区创建，启动全域旅游发展总体规划编制，加快全域旅游综合服务区建设；做好“边境文章”，着力打造“宽甸·鸭绿江国际乡村旅游休闲区”；打好“红色牌”，策划包装红色文化旅游线路，打造红色文化培训教育基地，催生红色旅游产业新业态；念好“融字经”，推动文旅、农旅、体旅融合创新发展，推进“旅游+”全产业链转化，重点拓展以山地、冰雪、水上运动为主题的体育训练、赛事项目开发建设，培育体育旅游新业态；启动电子商务产业园基础建设，加快电商公共服务中心、镇村电商服务站点及农产品溯源体系建设。

着力在增强发展活力上求突破。一方面，宽甸深化重点领域改革。稳步推进农村综合改革，充分利用好产权制度改革和土地确权成果，推进农村产权流转交易市场体系建设，加快承包地经营权流转，盘活农村集体资产资源，探索存量宅基地有偿退出机制，有效增加村级集体经济和农民收入。另一方面，抢抓开发开放机遇。深入研究国家推进沿边地区开发开放政策措施，将政策优势转化为经济发展优势；做好“江上文章”，争取太平湾口岸列为国家一类口岸管理，加快推进宽甸边境经济合作区筹建，启动口岸整体规划和边境经济合作区总体规划编制；探索推进边民互市贸易区、边境旅游试验区等对外开放平台规划和建设，谋划发展口岸经济；扩大板栗、大榛子等特色产品出口，着力打造辽东特色农产品出口基地，加强与周边县市区产业互联互通，推进产业跨区域合作。

着力在精准服务企业上求突破。为深入推进“放管服”改革，宽甸简化前置审批，增加“不见面审批”数量；实施“一网一门一次”改革，加强“互联网＋政务服务”建设，提高事项“网办率”；实现政务服务事项“大厅之外无审批”，打造最优良的营商环境。为持续强化项目要素保障，宽甸落实“项目管家”制度，深化“企业＋项目管家＋相关部门”服务模式，加强项目管家培训，加快推进“项目代办制”，加强公共资源交易软硬件建设，聘请营商环境建设监督员，压实包保责任，实行跟踪问效。为大力支持民营经济发展，宽甸规范完善“多证合一”，全面实施“证照分离”，着力培育壮大本土企业，全面落实减税降费政策，积极支持金融机构创新服务，让民营企业“轻装上阵”。同时，积极发挥企业家协会作用，搭建政企、银企沟通平台，及时帮助企业排忧解难。

着力在改善人居环境上求突破。改善人居环境是提升城市品质的民生实事工程，更是关乎老百姓切身利益的民生工程。近年来，宽甸高质量编制国土空间总体规划，严格规划管理，完善城区管道燃气储备站建设，实施城区老旧管网改造，加强交通路网建设，推进城乡建设精品化。同时，开展城市管理提升行动，加强违法建筑、市容环境、农贸市场、交通秩序等重点领域综合整治，推动城市精细管理制度化、常态化。另外，宽甸全力推进农村人居环境整治和“千村美丽、万村整洁”行动，健全农村垃圾处理体系，实施乡镇垃圾中转站和农村饮水安全巩固提升工程，扎实开展农村生活污水治理、“厕所革命”专项行动，加强“集中美、连片美”建设，提高了农村净化、硬化、绿化、亮化、美化水平。

着力在厚植发展优势上求突破。坚守“绿水青山就是金山银山”的理念，实现可持续绿色发展，就必须强化生态环境保护和治理。对此，宽甸实施全口径植树造林，保持林业严打高压态势，坚决遏制毁林种参、非法采挖移植树木、肆意蚕食林地等破坏森林资源行为；全力抓好森林防火和秸秆禁烧工作；全面落实“河长制”，建成信息系统管理平台；严厉打击非法采砂行为，做好河流生态修复和保护。与此同时，宽甸强化生态环境治理，实施严格的环境执法和网格化监管机制，扎实推进中央环保督察及“回头看”案件整改，按时保质完成整改任务；加快污水处理厂和县城垃圾卫生填埋场工程建设；加强饮用水源地保护，有效控制生活面源污染，加快推进城市水源地扩容工程；实施生产性矿山地质环境恢复，完成“五矿共治”任务；坚决遏制农地非农化，全力做好违建别墅清理整治，确保“零反弹”“零再生”。

着力在增进百姓福祉上求突破。宽甸坚决打赢脱贫攻坚战，着力解决“两不愁三保障”突出问题，实现“五个一批”政策落实全覆盖；坚持脱贫不脱政策，摘帽不摘帮扶，建立健全稳定脱贫和逐步致富长效机制，持续增强贫困户“造血功能”，加快解决产业扶贫“小散弱”问题。为全面发展各项社会事业，宽甸加快校舍建设，科学整合教育资源，不断改善中小学办学条件；筹集社会资金，为抵边乡镇配备急救车；加快推进全民健康信息平台建设，全面落实“互联网 +”医疗健康便民惠民服务；深入推进公立医院综合改革，加快推进县中医院扩建、疾控中心异地新建；改造和完善村级文化广场，力争完成“一村一广场”建设。为落实“六稳”“六保”工作要求，切实保障社会和谐稳定，宽甸全面实施统一的城乡居民医保、大病保险和医疗救助制度，提高城市、农村最低生活保障标准；建立健全优抚对象医疗保障机制，做好军转干部、转业士官、退役士兵接收安置工作；大力支持高校毕业生、返乡农民自主创业，城镇登记失业率控制在 4.7% 以下，确保“零就业”家庭动态为零；加大劳动监察执法力度，实现农民工工资无拖欠。

初心激励前行，使命召唤担当。为推动宽甸全面振兴、全方位振兴，宽甸人将进一步解放思想、凝聚力量，进一步振奋精神、鼓足干劲，进一步担当作为、苦干实干，为开创宽甸“三个越来越好”新局面，为决战决胜全面建成小康社会而努力奋斗！

◎ 旅游名品

青山沟国家重点风景名胜区。景区位于宽甸北部的青山沟镇，距丹东市区 170 公里，位于宽甸的北部山区，由青山湖、飞瀑涧、虎塘沟、满家寨四大景区组成。飞瀑涧景区有青山飞瀑（辽宁省第一大瀑布）、仙女潭等景观，置身其间，似入仙境。虎塘沟景区最具有原始韵味，峡谷幽深，藤树蔽日，山峰奇峭，溪流潺潺，素有“天下第一幽”之称。

天华山风景名胜区。景区位于宽甸县灌水镇北部，为长白山山脉西南麓，海拔 1100 多米，属高寒林带区。已开发白龙涧、玉龙涧、天华峰三大景区，其中白龙涧、通天峡、天台、毛公峰四大景观被称为辽宁极品，通天峡被誉为世界第一峡，园中酷似伟人坐姿的毛公峰令人称奇。

天桥沟森林公园。位于宽甸西北部，属长白山山脉老岭支脉，现有莲花峰、玉泉顶、晓月峰、红枫谷四大景区。景区四季景色分明，可谓“一季一世界，四季四重天”，尤以“层林红枫”享誉中外，被《旅行家》杂志评为“中国枫叶最红最艳的地方”。冬季拥有辽宁省内雪

期最长、雪质最好、雪道最长的顶级滑雪场，场地品质一流，配套设施也相当完善，是专业滑雪者的不二选择，受到业内外专业人士的一致好评。

河口景区。河口景区位于宽甸境内，鸭绿江百里黄金旅游带的中上游。主要景点有万亩桃园、河口断桥、毛岸英小学——抗美援朝纪念馆、龙泉山庄、上河口指挥所旧址、铁路抗美援朝纪念馆等，汇集了自然景观、人文景观、历史遗迹、民俗民风以及异国风情。

◎ 名优特产

石柱人参。宽甸是驰名中外的“柱参之乡”，盛产的石柱人参因体形酷似野山参等优点而闻名，石柱人参药性较强，栽培 15 年以上的石柱人参药用价值近似山参。临床研究证明，石柱人参有抗糖尿病、抗衰老和抗癌作用，能有效增强大脑记忆力和思维能力，降低血脂，抗动脉硬化，并具有山参的抗疲劳、抗缺氧、耐高低温的药理作用。

林蛙油。林蛙油富含多糖、维生素、微量元素及八种人体自身不能合成的必需氨基酸，能全面调理人体脏腑器官，具有养肝、保肝的作用，能全面增强机体耐力和抗应激能力，具有较好的免疫调节作用，适合患病后产后虚弱人群、肿瘤患者人群、老年人群、亚健康人群等。

乐亭县·河北

“铁肩担道义”，中国共产主义运动的先驱李大钊同志，以其开拓精神、担当精神开创了马克思主义在中国落地生根的先河。在乐亭——李大钊同志的故乡，大钊精神已成为推动发展的强大动力。党的十八大以来，乐亭在以习近平同志为核心的党中央坚强领导下，不忘初心，牢记使命，在学习发扬李大钊同志和老一辈革命家的崇高精神，增强“四个意识”，坚定“四个自信”，做到“两个维护”，在努力创造新时代经济社会发展方面取得了新业绩，获得了新成效。

——乐亭县委书记　李铁

高质量发展中的李大钊故乡

李大钊同志是中国共产主义运动的先驱，伟大的马克思主义者，杰出的无产阶级革命家，中国共产党的主要创始人之一。李大钊同志是我国最早的马克思主义传播者，领导建立北京共产党早期组织，推动建立全国范围内的共产党组织，负责党在北方的全面工作，开展工人运动和反帝反军阀斗争，为党和人民作出重大贡献。李大钊同志的奋斗历程，同马克思主义在中国传播的历史紧密相连，同中国共产党创建的历史紧密相连，同中国共产党领导的为人民谋幸福的历史紧密相连。

乐亭县是李大钊同志的故乡。为了伟大的共产主义事业，大钊同志视死如归、英勇就义，其精神如日月经天、江河行地，成为闪耀在历史长河中的一笔宝贵精神财富，鼓舞着乐亭人民在加快高质量发展、追求幸福美好生活的道路上奋勇前进。

◎ 乐亭印象

乐亭县位于河北省唐山市东南部，全县陆域面积 1308 平方公里。地处京津冀环抱之中，内有京唐港，西邻曹妃甸，与辽东半岛、山东半岛遥相呼应，面向东北亚经济

区，处在渤海湾和京津冀都市圈的重要地带。唐港铁路、迁曹铁路贯穿南北，唐港高速、沿海高速及省道平青大公路、滨海公路贯穿全境，滨海大道连通唐山港京唐港区、曹妃甸港区两大港口。

乐亭有着悠久的历史和灿烂的文化。早在新石器时代晚期就有人类在这里繁衍生息。商、周属孤竹国，秦属辽西郡，汉晋属平州，北魏置乐安亭，唐属马城县，金大定末年（1189 年）置乐亭县，迄今已有 800 多年历史。

乐亭文化昌隆。自古雅重教育、人文荟萃，曾于清末民初创造了乐亭“老呔商帮”百年辉煌经商史，是乐亭大鼓、唐山皮影、评剧“冀东文艺三枝花”的发源地。近现代出自乐亭的著名政治家、军事家、科学家、艺术家、文学家达上千人，其中中国科学院、中国工程院院士 10 人，新中国成立后授衔将军 30 余人。

乐亭资源丰富。旅游资源独特，李大钊纪念馆是全国首批百家爱国主义教育示范基地之一，李大钊故居为全国重点文物保护单位；姜各庄林场为国家级森林公园。新型能源资源可观，沿海风能可满足 360 万千瓦装机容量，全县年均日照近 2600 小时，具有推广太阳能光伏发电的优越条件。

乐亭发展空间广阔。拥有乐亭经济开发区、城区工业聚集区、汀流河工业园区和马头营物流园区四大发展平台，河北钢铁集团、旭阳化工集团、华能集团、国电电力等一大批战略投资者在此相继落户，以精品钢铁、精细化工、装备制造、新型能源、港口物流、现代农业、海洋产业和特色旅游八大产业集群为主导的现代产业体系初步形成。

◎ 李大钊故居和纪念馆

李大钊故居位于乐亭县大黑坨村，系李大钊祖父李如珍于 1881 年设计建造的。故居坐北朝南，占地面积为 1010.1 平方米，共有房屋 21 间，是一座具有明清以来民房建筑风格的一宅两院式穿堂套院。李大钊故居不但是李大钊诞生和幼年、少年成长的地方，也是他和夫人赵纫兰成婚生活过的地方。

为深切缅怀李大钊同志，1958 年建立了李大钊故居纪念馆。为了更加全面地弘扬大钊先生的事迹，经中共中央批准，1997 年 8 月 16 日李大钊纪念馆在乐亭县城落成开馆，对外开放。纪念馆占地 130 亩，建筑面积 8656 平方米，主要参观景区有李大钊生平事

迹陈列展览、李大钊廉洁风范展览、李大钊纪念碑林等。整个建筑由黑、白、灰三种色系组成，古朴庄重典雅。李大钊纪念馆被确定为全国首批百家爱国主义教育示范基地之一、全国百个红色旅游经典景区之一、全国三十条红色旅游精品线路之一，全国廉政教育基地、国家国防教育示范基地、国家 AAAA 级旅游景区。李大钊纪念馆年均接待全国各地观众及海外游客 150 余万人次，现已成为进行革命传统教育、爱国主义教育、党史教育的重要基地和旅游胜地。

◎ 新时代发展之路

近年来，乐亭县认真贯彻落实中央和省市委重大决策部署，准确把握经济发展的新常态，统筹推进稳增长、促改革、调结构、惠民生、防风险、保稳定，实现了经济发展增比进位，社会事业繁荣进步，政治生态风清气正，社会大局和谐稳定。尤其是以习近平总书记亲自为唐山擘画的“三个努力建成”宏伟蓝图为指引，咬定建成“全国百强、美丽乐亭”的目标，十年如一日在唐山加快实现“三个努力建成”新征程中奋发担当作为，迈出持续推动高质量发展的坚定步伐。2019 年，全县地区生产总值完成 344.75 亿元，一般公共预算收入 17.13 亿元，固定资产投资 211.81 亿元，规上工业增加值 104.05

亿元，实际利用外资 13085 万美元，进出口总额 43330 万美元；城镇居民人均可支配收入 40302 元，农村居民人均可支配收入 19416 元；三次产业比重达到 23.2：46.0：30.8，城镇化率达到 54.97%。县域经济快速发展，入选“2015 年唐山市十大亮点工程”，受到当年国务院督查表扬，2016 年被评为国家级农村产业融合发展试点示范县，获评 2018 年度“全省民营经济发展强县”，入选“全国幸福百县榜”，2018 年、2019 年连续两年入选“全国投资潜力百强县”“全国绿色发展百强县”。

毫不松懈抓招商引资。牢固树立项目强县理念，紧紧抓住沿海临港这一核心优势，不断活跃沿海开放局面，推动产业项目加速聚集。首先，持续做足开放招商文章。积极抢抓京津冀协同发展等重大战略机遇，聚焦京津冀、长三角、珠三角连续实施招商引资“双百攻坚”集中行动、“招商引资年”等活动，持续提升开放招商的力度、广度和深度。近年来，选派 70 多名干部到国家发改委、北京经信委等重要部门挂职招商，聘请 82 名经济顾问和 85 名文化顾问帮助招商，组建 200 多人的专业驻点招商队伍，并积极利用团组招商、以商招商、商会招商、划片招商等多种方式，与国家部委、京津部门、重点企业等进行深入对接，北环集团环卫装备生产基地等一大批优质项目落户乐亭。2019 年

产业投资热度位居全省第二。尤其是坚持“无中生有”积极培育建筑支护装备特色产业，与行业协会和近30家企业对接，协办全国建筑物资租赁承包行业年会，推动建筑支护装备产业呈现集群化、链条化发展良好态势，相关做法得到省市主要领导的肯定性批示。其次，推进产业项目量质齐增。连续几年开展“产业项目建设突破年”“产业项目建设提速年”“重大产业支撑项目攻坚年”等活动，聚力做大做强精品钢铁、精细化工、装备制造和现代优势农渔四大主导产业，做精做优建筑支护装备、新材料、临港物流和文旅康养四大特色产业，积极培育“4+4”现代产业体系。近年来，累计实施3000万元以上重点项目508个，其中亿元以上项目333个。乐亭县连续四年在全市重点项目季度观摩评比中位居前列。最后，建强园区发展平台。累计投入60多亿元推进水、电、路、气、讯等一批基础工程，园区承载能力显著提升。乐亭经济开发区成为省级开发区和“循环经济示范试点”“京津冀开发区创新联盟”首批会员单位，入园企业130家，2019年固定资产投资增长20%。城区工业园区成为全国首家县级中小企业孵化基地和省级重大项目孵化器，入驻企业50余家。尤其是积极对接国家“一带一路”倡议，中国（乐亭）拉美产业园成功落户，已有13个项目入驻，国际经贸合作迈出坚实步伐。

持之以恒推进转型升级。坚持以供给侧结构性改革为引领，以创建工业转型示范县为抓手，着力加速新旧动能接续转换，不断提高经济发展的质量和效益。持续推动传统产业改造提升。深入开展工业企业“创A”和“四个一”等行动，抓实重点技改项目，连续多年技改投资增速达到20%以上。大力处置问题企业，经济开发区累计出清僵尸企业17个，盘活土地5490.65亩。深入实施“双创”工程和小微企业“登台阶”计划，大力推动“个转企、小升规、规改股、股上市”，各类市场主体达到34872家，规上工业企业达到96家。唐山德龙钢铁公司入选中国民营企业制造业500强，燕化永乐（乐亭）生物科技有限公司被印度联合磷化有限公司全股份收购，转型步伐全面加快。加快科技创新与新兴产业发展。先后完成河北省中小企业服务示范平台、民营企业人才培训平台、中小企业集聚区服务窗口平台、中小企业信息平台创建，县中小企业服务示范平台项目取得省级认定，成为唐山市第一家上报国家级示范平台项目。近年来，大力引进培育东日新能源材料等高新技术产业化示范项目和河钢建设集团精密冶金设备制造等战略性新兴产业项目，高新技术企业达到30家，科技型中小企业达到419家，战略性新兴产业增加值增长率达到21.8%，高新技术产业增加值增长率达到12.8%。旭阳化工

获批“唐山市新产品新技术示范企业”，宝航机械、鼎辉食品获批省“专精特新”中小企业，燕化永乐建成市级研发平台，绿昕农业建成省级院士工作站。繁荣发展现代服务业。成功创建国家电子商务进农村示范县，引进阿里巴巴、京东等电商入驻，“互联网 + 服务业”实现重大突破。李大钊纪念馆和故居入选全国 20 个“我最向往的党史纪念地”，被评选为河北省“十大不得不游的研学基地”之一。德龙钢铁工业旅游文化园获评 AAA 级景区，并入选全国十强研学旅行基地，2019 年接待游客 870.74 万人。大力改造提升传统商贸服务业，新建商业广场、老呔商城、民俗风情街，培育壮大电子商务、医疗保险、康体健身等新兴服务业，全县规上服务业企业达到 53 家。

实施生态环境保护和治理修复。全面贯彻习近平总书记生态文明思想，积极践行“绿水青山就是金山银山”的理念，坚定不移走生态优先、绿色发展之路。持续推进大气污染防治，重点开展散煤禁烧、餐饮油烟治理、“散乱污”企业整治、扬尘治理等专项行动，严格执行重点行业深度治理、燃煤锅炉淘汰、错峰生产、重污染天气应急响应等措施，生态环保巡查指挥调度中心高效运行。近年来，累计淘汰燃煤锅炉 503 台，所有燃煤小锅炉实现全部清零。2019 年，全县空气质量综合指数为 5.6，位列全市（外八县）第二，同比下降 4.03%；PM2.5 平均浓度为 52 微克 / 立方米，位列全市（外八县）第四，同比下降 8.77%。有序实施“电代煤”“气代煤”工程，累计改造 12.58 万户。扎实开展“全域治水”，严格落实“河长制”，全力开展“清四乱”，积极推进“全域治水

清水润城”PPP 项目，对大清河、新河等 6 条河流进行清淤治理，8 个考核断面水质明显改善，城镇集中式饮水水源地水质达标率保持 100%。对县城污水处理厂、经济开发区污水处理厂实施提标改造，张氏纸业废水芬顿工艺治理等一批重点水污染治理工程相继建成投运，水环境治理水平明显提高。大力推进土壤污染防治，全面强化源头治理管控，加强固体废弃物管理，将县内 62 家重点企业纳入全省固废管理平台，定期进行现场监督检查，8 家重点企业完成视频智能监控安装联网工作，全面实现智能管控、科学管控。大力实施国土绿化攻坚行动，森林覆盖率提高到 31.3%。

高质量推动县城建设上档升级。围绕建设环境优美、文化高雅、宜居宜业、充满活力的现代滨海城市发展定位，在“三城联创”的基础上，又先后荣获河北省人居环境奖和“洁净城市”称号，创建全国文明县城通过省级验收。完善城乡规划体系，全面完成第三次国土调查，启动《国土空间总体规划（2019—2035）》编修，完成 10 个乡镇、216 个村规划编制，上下联动规划体系逐步形成；聘请天津大学建筑设计规划研究总院等知名团队编制县城核心区域城市设计，县城建成区面积达到 17.9 平方公里，人口达到 14.6 万人。提升县城功能品位，相继建成老呔商城、民俗风情街等一批彰显乐亭特色的标志性片区、标志性街道、标志性建筑；打通金融街东延、宝丰街东延、发展大路南延等主干道，拉开城市建设大框架；坚持把棚户区改造作为提升城市功能品位的重要抓手，累计改造城中村 14 个、危陋住宅区 26 个，搬迁 122 万平方米，腾清土地 5300 余亩，建成 114 万平方米的回迁安置房；投资 2.1 亿元完成城区雨污分流改造 40.074 公里，污水处理厂出水达到类Ⅳ类标准，投资 1.33 亿元实施新水厂建设，投资 2540 万元完成老城区集中供热并网工程，老旧小区改造、城镇既有建筑节能改造、背街小巷改造、改建公厕圆满完成上级下达目标任务。全面加强城市精细化管理，加强数字化城管平台建设，实施网格化管理，在全市率先以政府购买服务方式引进北京环卫集团，实施环卫作业市场化运作，开展一体化专业环卫服务，“京环模式”深入运行，县城管理更加精细、更加科学；县城绿地率达到 39.85%，垃圾和污水、污泥处理率达到 100%。

精准有效实施乡村振兴战略。坚持农业农村优先发展，大力实施乡村振兴战略，持续推进农业农村现代化，努力让农业有奔头、农民有干头、农村有看头。着力促进“四个农业”提质增效，大力发展质量、科技、品牌、绿色“四个农业”，农业产业化经营率达到 70.5%，大宗农产品监测合格率保持 98% 以上，被命名为“国家农产品质量安全县”，获批“农业绿色发展先行区”；“乐亭桃”“乐亭扇贝”“乐亭甜瓜”“乐亭海参”获批国家地理标志证明商标，“乐亭设施桃”以 44.95 亿元的品牌价值成功入选“全国区域公用品牌价值百强榜”，现代农业园区被认定为“河北省现代农业精品园区”，绿昕农业、铭泰水产获批“省级重点龙头企业”，雷刚合作社入选“2019 年全国农民合作社 500 强”；保护近海渔业资源，深耕海洋牧场，在建成兴乐国家级海洋牧场的基础上，东之荣海洋

牧场获批国家级海洋牧场示范区。内涵式推进美丽乡村建设，深入抓好农村人居环境整治三年行动计划，以片区引领带动全域提升，高标准推进大钊故居市级乡村振兴示范片区建设，建成示范村 10 个、提升村 138 个；全县累计新增农村公路建设里程 807.78 公里，荣获河北省“四好农村路”创建示范县称号；中堡镇东罗村等 4 个村入选“国家级森林乡村”，毛庄镇公南村获批“美丽中国 · 河北样板”项目；累计建成无害化厕所 7.3 万座、占农村总户数的 64%。积极发展农村清洁能源，被命名为全省沼气全覆盖示范县、全省秸秆综合利用示范县；投资 3.4 亿元实施生活垃圾焚烧发电项目，每年投资 2688.2 万元全面推行城乡一体市场化保洁，初步形成“村收、乡运、县处理”的城乡一体化管理模式，城乡面貌呈现新变化。全面深化农业农村改革，完成 441 个村承包地确权颁证、473 个行政村清产核资和集体经济股份制改革，治理空心村 64 个。新增土地流转面积 3671 亩，累计达到 15.8 万亩，流转率达 21.9%。

与时俱进深化改革创新。坚持用改革创新的办法，以更大力度为企业和群众破堵点、解难题、谋便利，全方位优化县域营商环境。持续推进“放管服”和行政审批制度改革，成立行政审批局，全县 18 家单位的 228 项审批事项全部划转至行政审批局，真正实现“一枚印章管审批”；大力推广“互联网 + 政务服务”，县级 31 项高频事项实现“一网通办”，100 个高频事项实现“最多跑一次”；积极推进“多证合一”和“证照分离”改革，全县范围内实现“五十证合一”，企业开办时间缩短至 5 个工作日；在全县唱响“不让重点项目因我耽误一分钟”口号，“千里万里之行、投资首选乐亭”成为一张靓丽名片。构筑多网融合服务新模式，从集约资源、集合功能出发，将县行政服务中心、县电子政务中心、县农村综合服务中心整合为县政务中心，建立全县统一的政务大数据平台，并接入终端 3000 余台；成立专门的网上监察室，实时监控、预警纠错，切实让行政审批“看得见、管得住”；全市“网上审批、网上监察”现场会在乐亭召开，经验在全市推广。彻底打通服务群众“最后一公里”，建立县、乡、村三级便民服务平台，融合政务、电商和社会公共服务等功能，实行群众服务事项全程代办，打造上

下贯通联动的服务新模式，以“一店式、一站式、一键式”服务，真正变“群众跑路”为“信息跑腿”，让群众足不出村就能享受到全方位、高效率的服务。该创新做法被省委组织部列为全省党建典型案例，纳入河北省网上践行群众路线 50 个典型案例。

持续提升人民群众幸福指数。始终把人民对美好生活的向往作为奋斗目标，不断在发展中保障和改善民生，推动改革发展成果全民共享。在持续实施民生实事工程方面，本着“量力而行、尽力而为”的原则，每年实施一批实事工程，着力解决人民群众最关心、最直接、最现实的利益问题。近年来，先后实施了高标准农田建设、城乡饮水安全、路网优化完善、就业促进、教育卫生水平提升等重点民生实事工程 100 余项，不断满足人民群众对美好生活的新期待。在加快教育强县建设步伐方面，始终坚持教育优先发展战略，特别是 2018 年以来着力实施提升教育发展水平三年行动方案，努力打造“全国出亮点、河北有位置、唐山争一流”的现代化教育强县，尽最大努力办好人民满意的教育；先后实施了河北乐亭第一中学宿舍楼等一批校舍提升工程，在城区新建第五实验小学，在农村实施了姜各庄幼儿园等一批农村校改扩建工程；累计新建、改扩建中小学、幼儿园 82 所，全县一日整托入园幼儿比例达到 50%，普惠性幼儿园覆盖率达到 82%；依托教育信息化提升教育教学水平，与北京四中网校签订了初中智慧教学资源服务协议，21 所县内学校与京津名校签订合作协议，河北乐亭第一中学连续四次入围“全国自主招生 500 强中学排行榜”，乐亭职校获批“省级高技能人才培养基地”“乐亭县技工学校”；“三名工程”成果丰硕，市级名师保有量居全市各县（市、区）之首；2013 年、2017 年高标准通过省政府督导评估，2014 年被认定为义务教育发展基本均衡县。在医疗卫生事业方面，把人民健康摆在更加突出位置，大力推动医疗卫生事业发展；结合深入实施提升医疗卫生服务水平三年行动方案，积极推进公立医院综合改革，推动医疗、医药、医保“三医联动”，建设乐亭智慧医疗健康云信息平台，为实现医共体内信息平台互联互通、抓实分级诊疗提供信息支撑；实施县医院综合病房楼等一批医疗基础设施工程，截至 2019 年年底，每万人床位拥有量达到 41.48 张；加快重点学科和新兴学科建设，县级医院学科体系不断完善，各级医院医疗服务能力和水平持续提升；公共卫生服务能力不断提升，2017 年全市基本公共卫生服务现场会在乐亭召开；积极探索推进“医养结合”新型养老模式，建成中医院托养中心和佑安医养康复中心，共有床位 200 张，入住率达到 90%，通过省级健康促进示范县验收。在脱贫攻坚方面，把坚决打赢脱贫攻坚战作为必须完成好的政治任务牢牢抓在手上，自2017年以来，全面启动精准脱贫工作，聚焦“两不愁三保障”，狠抓产业扶贫、就业扶贫、健康扶贫等政策措施落地落实，分两年实现建档立卡贫困户脱贫退出，高标准完成了脱贫攻坚任务，为全面建成小康社会奠定了坚实基础，在2018年度扶贫成效考核中，取得全市第一、全省非贫困县第三的优异成绩，同时，按照“四不脱”要求做好后续工作，筑牢防贫和防止返贫坚固防线。在繁荣发展文化事业方面，2005年10月被命名为“全国文化先进县”，并于2009年、2014年两次顺利通过文化和旅游部复审验收，2010年3月被中国文联命名为“中国曲艺之乡”，2012年、2015年连续两次荣获“中国民间文化艺术之乡”荣誉称号；乐亭大鼓、乐亭地秧歌、乐亭皮影入选国家级非物质文化遗产名录，乐亭擂鼓、乐亭微缩建筑营造技艺、乐亭秸秆扎刻技艺、乐亭葫芦烙画技艺入选市级非物质文化遗产名录；公共文化服务体系不断完善，2012年，乐亭县汤家河镇史家大院农家书屋被命名为“全国示范农家书屋”，2013年，马头营镇、中堡镇文化综合服务中心被命名为“河北省百佳乡镇综合文化站”，乐亭县图书馆被评为“国家一级图书馆”，乐亭的文化影响力进一步扩大。在健全社会保障体系方面，坚持托住底线，不断提高社保、低保、医保水平，到2020年，全县城市低保每人每月达到733元，农村低保每人每年达到5736元；加快发展慈善事业，抓好优抚安置以及就业工作，形成多层次的社会保障体系，登记失业率始终控制在3.9%以内。

渤海潮涌处，聚力正扬帆。站在新的历史起点上，乐亭县以新发展理念引领航向，正朝着建设“全国百强、美丽乐亭”目标开拓前进。乐亭人民将在习近平新时代中国特色社会主义思想指引下，在以习近平同志为核心的党中央和省市委的坚强领导下，在李大钊同志“惟知跃进、惟知雄飞”精神的激励下，在实现中华民族伟大复兴“中国梦”的进程中，奏响建设繁荣美好大钊故乡的最强音，创造无愧于这方水土、无愧于这个时代的新业绩。

◎ 名优特产

乐亭鲜桃。近年来，乐亭县充分利用当地土壤、气候优势，因地制宜发展鲜桃种植产业，通过不遗余力推进鲜桃种植扩规模、延周期、提品质、创品牌、增效益，使得该项产业对乡村经济的贡献率不断提升，成为增加农民收入、促进乡村振兴的特色主导产业。据统计，目前该县优质鲜桃种植面积达到 9 万亩，年产量 27 万余吨，年创产值 15 亿多元。

乐亭甜瓜。近年来，乐亭县把设施甜瓜作为推进农业供给侧改革的重点产业加以大力扶持，通过建设集约化基地扩大生产规模，推广新品种新技术提升产品品质，培育产地型批发市场畅通销售渠道，使得这一产业获得快速发展。目前，乐亭县设施甜瓜播种面积已达 12 万亩，年产量 48.5 万吨，年创产值 14.4 亿元，成为农民增收致富的支柱产业。

◎ 旅游名品

乐亭碧海浴场。乐亭碧海浴场位于乐亭滨海旅游区东部，距县城 25 公里，在老米沟河口与滦河入海口之间，海岸带长 5 公里，宽 1 公里，总面积 5 平方公里。该浴场原为海洋和风力作用形成的冲积岛屿，后与陆岸连成一体。沙滩宽 50~100 米，主要由中细沙组成，东北部沙丘多，最高海拔 7~8 米。这里沙滩平坦宽阔、水清浪小、气候宜人，属天然大型海滨浴场，是游客消暑纳凉、踏浪戏水的绝佳去处。

浏阳市 · 湖南

浏阳是一座铭刻着红色传奇的英雄之城。

浏阳是一座拥有着彩色标识的活力之城。

浏阳是一座焕发着绿色诗意的生态之城。

—— 中共浏阳市委、浏阳市人民政府

一河诗画 · 满城烟花

“浏阳河，弯过了几道弯。”一首动听的《浏阳河》家喻户晓，歌中唱到的浏阳河就流经浏阳市。不仅仅有浏阳河，浏阳市的烟花产业同样是闻名遐迩，浏阳河、烟花成为浏阳市的两张经典名片。所以，熟悉浏阳的朋友都会用这样一句话来描述浏阳市，那就是“一河诗画 · 满城烟花”，极富浪漫色彩。

◎ 浏阳印象

浏阳地处湘东，毗邻江西，面积 5007 平方公里，人口 149 万，是湖南省人口第一、面积第二大县，古属荆州，置县 1800 多年，享有“千年古县”之称。浏阳人才济济，名士辈出，有着光荣的革命传统。近代曾涌现出谭嗣同、唐才常、焦达峰、陈作新等仁人志士；新民主主义革命时期，毛泽东同志多次踏上浏阳的土地，播下革命的火种。浏阳还诞生了胡耀邦、王震等党和国家领导人，培养了宋任穷 、李贞等 30 位共和国开国

将军，因此也有着“将军之乡”的美誉。

浏阳的花炮产业闻名中外，自古就有“浏阳花炮响天下，天下花炮数浏阳”之说。《中国实业志》记载：湘省爆竹之制造，始于唐，盛于宋，发源于浏阳也。1400 年前，由浏阳大瑶人李畋发明。浏阳花炮制作工艺以土纸、土硝、硫黄、炭末、红白泥土等为原料，经过 12 道流程、72 道工序制造而成，是全球最具竞争力和最受欢迎的世界烟花知名品牌。因此，浏阳又有着“烟花之乡”的美誉。

浏阳还是一座焕发着绿色诗意的生态之城。浏阳河碧波荡漾，湘东明珠大围山雄奇壮丽。全市森林覆盖率达 66.2%，素有长株潭“绿肺”之称，获评“国家生态示范县（市）”“中国美丽乡村建设示范县”“中国生态魅力市”“美丽中国典范城市”。2020 年，空气质量优良率达 99.7%，创造了有监测历史以来最好的纪录。

在党中央，湖南省委、省政府的正确领导下，浏阳市城市发展的方方面面都取得了不俗的成绩。浏阳市先后获评国家发展改革试点城市、中国优秀旅游城市、中国全面小康十大示范县（市）、新时代中国全面建成小康社会范例城市等称号并荣获中国人居环境范例奖。在县域经济与县域综合发展全国百强排名中跃居第 9 位，中国工业百强县第 11 位，营商环境百强县第 19 位，获评“全国消费品工业‘三品’示范城市”“中国投资环境质量十佳县（市）”。2020 年，浏阳实现地区生产总值 1493 亿元，增长 4.7%，地方一般公共预算收入 93.4 亿元，全面小康综合实现程度提升至 96.3%。

◎ 一河诗画 满城烟花

浏阳是一座在歌声中长大、在烟花下闪亮的城市，“一河诗画、满城烟花”是浏阳鲜明的特色。美丽的浏阳河因歌而名、穿城而过，234 公里的水域诗情画意、秀美多娇，是镶嵌在三湘大地上的精美玉带；多彩的浏阳花炮璀璨夜空、享誉全球，成为浏阳走向世界的靓丽名片。浏阳是文化厚重、生态优美的千年古县，也是生机蓬勃、充满活力的发展新城，更是宜居宜业宜游的幸福之城。

浏阳河，位于湖南省东部，发源于大围山，有大溪河和小溪河两个源流，自东向西贯穿浏阳全境，浏阳境内有 178 公里，风光秀美，独具魅力。20 世纪 50 年代，由蒋大为演唱、徐叔华作词、朱立奇和唐璧光作曲的《浏阳河》自创作以来，深受群众喜爱，经久流传，2019 年入选最美城市音乐名片十佳歌曲。浏阳河是一条文化之河，相台春色、枫浦渔樵、巨湖烟雨、吾山雾霁、中州风月等浏阳八景广受称颂，镌刻着文化印记。浏阳河是一条秀美之河，一湾一景，争奇斗艳，如樟潭遗风——淮川街道樟树湾、

几字湾远——张坊镇江口湾、毛湾览秀——高坪镇毛家湾、鱼嘴白鹭——小河乡鳄鱼嘴湾等，风景如画。浏阳河是一条人文之河，十曲九弯，孕育出夏布、菊花石、油纸伞、花炮、豆豉、茴饼、竹编等特产，饮誉海外。浏阳河是一条烟花之河，河两岸是世界烟花之乡最佳观赏之地，烟花升空，点亮浏阳最美夜色，名副其实的“一河诗画、满城烟花”。

◎ 根植文脉 艺术繁荣

浏阳，历史源远流长，人文资源丰富，文化积淀厚重。浏阳，自古人杰地灵，人文蔚起。元代文史学家欧阳玄主编宋、辽、金三史，创作的鬼神小说《睽车志》比《聊斋志异》早 300 多年。清代器乐大师邱之稑经制的浏阳古乐是目前全国现存最为完整的祀孔古乐。现代戏剧大师欧阳予倩与梅兰芳齐名，有“南欧北梅”之誉。此外，浏阳文庙祭孔音乐、菊花石雕刻、长沙皮影戏、客家山歌、长沙花鼓戏、油纸伞、浏阳夏布等非物质文化遗产不断传承创新，成为浏阳的标志性文化元素。

清道光九年（1829 年），浏阳组建文庙礼乐局。负责古乐的监生邱之稑，集数十年时间，创造性地恢复了祭孔古乐、完整的祭孔舞蹈和舞具，制作了编钟、凤箫、匏等上百件古乐器，编纂了《律音汇考》一书。其时，浏阳文庙祭孔音乐名动天下，与山东曲阜孔庙祭孔音乐齐名，有“国乐古礼在浏阳”之美誉。每年农历二月上旬和八月上旬，以及八月二十七孔子诞辰纪念日，浏阳文庙均举行盛大的祭孔活动。隆重的祭孔典礼，由县官主祭，乐生、舞生、礼生等共 200 余人参祭。乐生奏古乐，乐曲优雅、古朴、肃穆，舞生闻乐起舞，乐、舞、歌、礼齐演，八音古乐齐奏，歌之舞之，场面蔚为壮观。浏阳文庙祭孔音乐被列为国家级非物质文化遗产项目。

菊花石又名“石菊花”，是浏阳独有的工艺美术原料矿产，蕴藏于浏阳市永和镇、古港镇地段河床底下和浏阳河畔的岩石之中。雕刻工艺历史悠久，经过几辈民间艺人的努力，在 1915 年巴拿马万国博览会上，菊花石雕《梅竹屏》荣获金奖，一举名扬世界，荣膺“全球第一”的美誉。菊花石雕刻工艺 2008 年被列为国家级非物质文化遗产，不仅是湖南优秀文化遗产中一块价值超卓的“活化石”，也是闪耀着湖湘文化灵光的一块神奇瑰宝。

长沙皮影戏是浏阳市省级非遗项目。明代初期，浏阳人已草创皮影雏形，至清光绪年间500年左右的时间里，以其旺盛的生命力全面吸收当地剧种的优势，逐渐形成并具规模。截至1931年，全县已有皮影戏班76个，皮影艺人150余人。浏阳皮影具有形式古朴优雅，曲目繁多内容丰富，队伍小巧灵活轻便，覆盖面广极具亲和力的特点，集剪纸、绘画、雕刻以及戏曲艺术诸要素于一体，起源于民间，生根在民间，是民俗、民情孕育出来的一朵奇花，是一门现存少有的原生态古朴艺术。

浏阳客家山歌是浏阳文化艺术的一个重要元素，2016年被列为省级非遗项目。早在明朝时期，广东梅州有一部分客家人相继迁到了浏阳这片美丽的土地上繁衍生息，带来了具有浓郁异乡风情的客家山歌。随着日月流逝，客家人逐渐和江西、福建、广西等地迁居的人联婚结亲，开始在生活上互通互济、互相帮助，在语言上也互相学习，这样使客家山歌融合了外地人和本地歌腔特色，打破了七字一句、四句一首的传统形式，唱词长短灵活，不受拘束，一歌多韵，逐渐形成了独一无二的“浏阳客家山歌”。

花鼓戏也是浏阳非物质文化遗产项目。据《浏阳县志》记载：清同治十二年（1873年），浏阳就有了“伏场男女，暮夜沿门歌舞，曰花鼓灯……乡人争睹为快，人数半于台下焉”。因融合了地域文化，在声腔特色、演唱风格、锣鼓套路上都自成流派，别具一格。特别是火爆热烈的“鼓乐”，这种“原始、火爆”的特色形成了浏阳演出长沙花鼓的特殊表现风格，而且花鼓小调的演奏也一贯以跳跃、明快、浓烈著称。1964年，胡耀邦同志回浏阳时就主动提出要听浏阳的花鼓曲调，并在浏阳剧院看完花鼓戏《顺藤摸瓜》后与演员合影留念。浏阳这个“戏窝子”相继涌现了一大批戏剧大师、省内外戏曲名家和花鼓名人。

油纸伞的生产和使用历史已有1000多年，浏阳制伞技艺古朴科学，从竹、木、纸、棉线、桐油、油墨等天然资源的选择，到削伞骨、制伞脑、装伞键、裱皮纸、漆桐油等需经过72道工序才能加工而成。以张坊的石山竹为伞骨，韧性大，弹性强，防霉、防蛀，棉纸伞面绘花、鸟、草、虫等古香古韵的图案，刷上防水桐油，一把油纸伞可以反复撑收5000余次，清水浸泡24小时不脱骨，撑伞顶风行走也不会变形。这都凝聚着浏阳工匠们的智慧与辛勤，更赋予了油纸伞自然古朴、温文尔雅的质感。

夏布是浏阳重要的文化符号之一。夏布以苎麻为原料制成，原名苎布或麻布，因经过漂白、染洗可制成衣服、蚊帐，暑天穿用最为透汗凉爽，故称夏布。浏阳夏布在明朝即为贡品。《湖南通志》记载：“浏阳、湘乡、攸县、茶陵皆出苎麻，世称浏产最佳。”

清朝年间，浏阳乡间很多农户以制作苎布为副业。有诗云："一家一个沤麻池，沤得黄麻白似丝，郎自打麻侬自绩，大家辛苦作家私。"浏阳英杰谭嗣同在其《浏阳麻利述》中，曾这样追忆："自昔吾浏阳以麻布战天下之商务，未尝遇敌，车牛远贾，南北奔凑，岁售银百十万。"可见浏阳夏布素享盛誉。自明清以来，畅销华北、上海等地，并出口日本、南洋、荷兰等国家和地区。浏阳夏布之所以有名，主要在于它质地特别细腻而且经久耐用，过去有杭州纺绸换浏阳夏布之说。

◎ 吃喝有道 非遗传承

随着生活水平的提高，现代人越来越讲究吃喝，不过要说吃喝，我们还真得到浏阳去体验一下，这里的吃喝名品可是非物质文化遗产级别的，有渊源，有特色。

说到吃，首先应该说说浏阳蒸菜。浏阳蒸菜历史悠久，制作工艺独特简便，菜品品种丰富，地方特色鲜明，是湘菜中一个独特的菜系。原始自然的山水，独特的地理气候环境，传统的种植、养殖方法，培育出的天然食材，含有丰富的蛋白质、微量元素、维生素等营养物质，加上千百年传承下来的古老调味技法，使用以水渗热、阴阳相济的传统蒸制方法，最大限度地保持食物中的营养成分，避免了煎、炸造成有效成分的破坏和有害物质的产生，使味道更加鲜美。含油脂少、热值低，易于消化吸收，清淡养胃，具有营养、健康、便捷、安全、实惠等特点。中国烹饪协会授予浏阳市"中国蒸菜之乡"荣誉称号，国家工商总局授予浏阳蒸菜"地理标志集体商标"证书，"浏阳蒸菜"成为国内餐饮行业为数不多获此殊荣的项目之一。

油饼也是浏阳一大特色美味。浏阳油饼主要由面粉、金橘花、花生仁、八角、茶油、蜂蜜、茴香、桂枝、芝麻、麦芽糖等十多种天然材料，经过老面发酵、制皮、制酥、包馅、成型、烘烤、浸油等 12 道工序秘制而成，具有形态端正、色泽金黄光亮、边缘牙白底色深黄、口味松脆酥香的独特风味。始于清雍正年间，因一斤饼里面含有二两"酥"，故为"二八酥"。乾隆皇帝曾挥毫题留了"朱门两扇八字开，吾欲长请上膳台"两行字，被列为朝廷贡品。

豆豉也是浏阳特产。浏阳豆豉制作的历史可以追溯到唐朝中叶，是以泥豆和小黑豆为原料，经过原料筛选、蒸煮、接种、洗豉、发酵等十几道工序加工而成。豆豉呈黑褐色或酱红色，皮皱肉干，质地柔软，颗粒饱满，色、香、味、形俱佳，饮誉三湘，驰名中外，与浏阳鞭炮一样远销各地，有“鞭炮响，豆豉香，一对兄弟走四方”的美谈。

浏阳的酒文化非常厚重。浏阳河酒传统制作工艺可追溯到唐宋时期，至明清达到鼎盛，是古代湖南民间制酒技艺起源时间早、影响最大的白酒之一。制作技艺采用传统多粮、低温泥窖发酵工艺，精选多种优质粮食为原料，遵循“稳、准、匀、适、勤”的技艺准则，其特点是采用药小曲为糖化发酵剂，前期固态培菌糖化 24 小时，后期液态发酵，再经液态蒸馏、贮存、勾兑、包装为成品酒。另外，还有浏阳小曲酒，这种酒采用传统的古法酿制技艺，酒曲采用中草药制曲，具有不上头的特点。原料采用大米和高粱两种原料，经过精心酿制窖藏陈化而成，酒体具备“蜜香清雅、入口柔绵、落口爽洌、回味怡畅”的特点。

◎ 经济发达 产业兴旺

浏阳市拥有浏阳经开区（高新区）、两型产业园、文化产业园三大主体园区，花炮产业、生物医药、食品工业和消费电子四大支柱产业。传统花炮产业雄踞全球领军地位，生物医药产业 2020 年 1—11 月实现产值 90.3 亿元，显示功能器件产业链实现产值 235.3 亿元，智能制造成为中部地区先进制造业的重要力量。

花炮产业。浏阳是烟花爆竹的发源地，是全球烟花爆竹生产贸易基地、科研中心和国家认可的“中国烟花之乡”，浏阳花炮是国家地理标志保护产品，产业发展迅猛。浏

阳现有花炮企业549家，从业人员约30万人，形成了一个集原材料供应、生产经营、科研设计、包装印刷、仓储物流、焰火燃放、文化创意为一体的产业集群。2019年，浏阳花炮产业实现总产值241.1亿元，其中出口销售额34.8亿元，国内销售额150.4亿元。浏阳花炮品种丰富，现有9大类、5000多个品种，出口总额占全国的60%，主要销往美洲、欧洲、东南亚等100多个国家和地区，内销占全国的50%，遍及全国各个省、自治区和直辖市。浏阳花炮已是全球最具竞争力和最受欢迎的世界烟花知名品牌。近年来，浏阳花炮紧扣转型升级总目标，坚持科技创新和文化创意双驱动，传承千年的传统产业焕发出新的活力，向着高质量发展之路不断迈进！

生物医药。浏阳市生物医药产业形成了以药用原辅料、通用名化学药、现代中药为主导，生物制品与健康产品快速发展的产业格局。注册生物医药类企业153家，其中，医药科研类企业78家，规模以上企业46家，通过GMP认证医药企业68家，通过新版GMP认证医药企业35家。拥有A股上市企业3家（尔康制药、九典制药、南新制药），新三板挂牌企业1家（永和阳光），上市过会待注册企业1家（华纳大药厂），上市后备企业7家（威尔曼、天地恒一、安邦制药、迪诺制药、春光九汇、豫园生物、兴嘉生物），集结了一批优势企业。企业产品覆盖抗生素、抗感染药、妇科用药、抗肿瘤用药、高血压用药等多个方面，涵盖药用辅料、化药原料药及制剂、中药、基因与蛋白

质、诊断试剂、生物制品等多个领域，品种达 800 多个，过亿元以上拳头品种达 11 个。其中，药用辅料国内市场份额第一，尔康制药的木薯淀粉胶囊开创世界植物淀粉胶囊量产先河，药用甘油、丙二醇、奥硝唑等 23 个主要品种进入全国销量前三强。医药企业和科研单位累计开发、在研国家级新药 206 个，其中在研一类新药 33 个，拥有全省仅有的 5 个国家一类新药。获得专利 780 件，其中发明专利 191 件，超微中药饮片技术获得国家科技发明二等奖。企业建有国家级工程技术中心 3 个、省级工程技术中心和重点实验室 21 个、市级工程技术中心 20 个。其中，尔康制药牵头建设的“国家药用辅料工程技术研究中心”顺利通过国家科技部验收。产业发展获得高度认可，浏阳经开区（高新区）2018 年获评中国生物医药最具特色、最具潜力园区。

食品工业。浏阳市具有良好的绿色食品资源环境，有 5 个农产品地理标志，33 家企业 58 个产品通过绿色食品认证，2 家企业通过有机食品认证。浏阳蒸菜、浏阳河米业、淳峰茶叶、浏阳茶油、大围山水果等已树立绿色安全食品的品牌形象，为绿色食品的生产提供了最珍贵的禀赋资源。全市有绿色食品加工企业 1860 家，上市企业 1 家（盐津铺子），规模以上企业 86 家，中国驰名商标 6 个（盐津铺子食品、贵太太油茶、美津园粮油、浏阳河饲料、好味屋食品、绿之韵生物），培育出了盐津铺子、金磨坊、人可食品、童年记、飘香食品、绝艺食品、奥斯利、奇异生物、汇湘轩等一批规模较大企业。

在农产品销售方面，浏阳市食品加工企业不断积累品牌实力、塑造品牌形象，形成一定的品牌影响力。

消费电子。浏阳市有电子信息产业企业 30 家（其中规模以上企业 11 家），汇聚了包括蓝思科技、蓝思智控等在内的显示功能器件相关产业链企业 23 家。作为浏阳规模最大的上市企业，蓝思科技自 2013 年首次入围评选以来，已连续 7 年入选中国民营企业 500 强，2020 年预计实现税收 17 亿元。2019 年，成功引进惠科股份有限公司在全国布局的第 4 个面板生产基地，即第 8.6 代超高清新型显示器件生产线项目。该项目是国内首条大尺寸 OLED 生产线，总投资 320 亿元，占地约 1200 亩，建设周期约 18 个月，预计月产 13.8 万片面板，主要产品为 4K、8K、10K 等超高清大尺寸显示面板，并设立光电显示研究院，负责从事新一代显示技术、材料研究。2021 年 1 月，惠科项目点亮投产，有望创造 14 个月建成一座超高清面板生产基地的行业最快纪录。项目达产后预计实现年产值 260 亿元以上、税收 22 亿元以上，可吸引产业链上下游配套企业 20 余家，上下游配套企业预计实现年产值 100 亿元，创税 9 亿元。

◎ 精准施策 脱贫攻坚

近年来，浏阳坚持以习近平新时代中国特色社会主义思想和党的十九大精神为指引，深入践行以人民为中心的发展思想和“民政为民、民政爱民”的工作理念，以高度的政治自觉和责任担当，做实做好社会救助兜底保障工作，全力兜底线、救急难、保民生，精准施策，聚焦突破，取得了良好成效。

精细化认定救助对象。社会救助最基本的要求是精准，只有对象精准，才能做到发力精准。浏阳通过优化审批程序、创新认定方法等方式，不断提升救助的精准度，确保社会救助对象“应保尽保、应退尽退”。浏阳市制定出台了《浏阳市社会救助申请家庭收入计算评估实施细则》，严格标准和程序，在乡镇（街道）成立社会救助申请家庭收入计算小组，制定统一的家庭收入计算评估标准，将对象认定由“评议为主、估算为辅”调整为“计算为主、评议为辅”，确保认定方法更加科学。针对难以提供佐证的困难对象、支出型贫困对象，成立综合评议组，对其家庭收入、劳动能力、支出核减等情况进行综合评议，评议结论作为收入计算评估依据，有效解决了部分实际困难家庭救助认定难的问题。在计算低保家庭保障金时，对家庭成员中因重病、非义务教育阶段就学等非生活性固定实际支出据实扣减家庭收入，对家庭中重病、重残、70 岁以上老人等特殊困难对象按比例上浮保障金。通过收入计算进行补差救助，每人每月的补差金额从几十元到几百元不等，不再是过去简单分三档进行救助，实现了从“分档救助”到“精准补差”的转变。对救助对象还实行动态化管理，充分运用大数据和信息化手段，依托长沙市信息比对预警系统主动发起预警，获取保障对象车辆、社保、不动产、工商登记等预警数据；加强卫健、殡改等部门之间的信息共享，获取保障对象死亡数据，及时向相关乡镇（街道）反馈，督促其在规定时间内进行核实处理。对于保障家庭中家庭成员劳动能力和教育阶段发生变化的情况，通过开展全市统筹识别，进行分类复核，真正做到“进退及时”。

全方位救助确保兜底。浏阳市坚持兜底思维、综合施策，不断完善覆盖城乡的最低生活保障、特困人员救助等专项救助和临时救助体系，织密织牢社会救助保障网。为切实解决低保家庭绝对贫困问题，浏阳市全面实行低保城乡一体化，大幅提高全市居民最低生活保障标准，由 2017 年农村 260 元 / 人 / 月、城市 400 元 / 人 / 月，统一提高至目前的 750 元 / 人 / 月，高于贫困户脱贫标准（4000 元 / 人 / 年），确保了困难群众基本生活水平与我市经济社会发展水平同步提高。特困人员和低保对象的医疗保险费用统一由政府代缴，特困人员的住院医疗合规费用除医保报销外，由医疗救助资金全额救助，并在医院通过“一站式”方式直接结算。对集中供养的特困人员，除住院救助外，按照 1200 元 / 人 / 年的标准进行补助。为进一步规范临时救助工作，发挥临时救助作用，2018 年浏阳市制定出台了《浏阳市临时救助实施细则》，创新推进快速反应机制，根据遭遇情况紧急程度，对需要立即救助的家庭简化程序，从受理申请审核审批转变为主动发现快速救助，更好彰显了临时救助“救急难”的功能。

长效管理持续化帮扶。浏阳市始终以人民满意和长效帮扶为目标，大胆创新，积极探索，在实践中不断推进社会帮扶制度化建设，逐渐实现帮扶社会化、规范化、常态化，不断提高人民群众的幸福感、满意度。浏阳市根据兜底对象的身体状况、劳动能力、经济收入等因素，将建档立卡中的农村低保家庭和特困家庭全部纳入兜底范围，并按照一类、二类、三类对象标准，做好分类保障工作，重点保障完全丧失劳动能力和部分丧失劳动能力兜底对象的基本生活。为做到长效帮扶，浏阳市制定出台了《浏阳市关于建立社会救助兜底保障对象帮扶长效机制的实施意见》，明确财政、农业农村、民政、人社、卫健、教育、残联等部门及乡镇（街道）职责，统筹整合各方资源，强化长效帮扶措施，做好社会兜底保障后半篇文章，确保 2020 年后兜底保障对象脱贫不脱政策。在社会救助工作中，浏阳市严格落实民主评议、张榜公示、随机抽查、投诉举报等制度，形成监督常态化机制，让社会救助工作在阳光下运行，人民群众的幸福感、获得感大大提升。

◎ 担新使命　开新征程

为全面贯彻落实党的十九大精神，决胜建成更高水平全面小康社会，全面建设现代化浏阳，浏阳市践行新发展理念，实施“创新引领、开放崛起”战略，紧紧围绕全面建设现代化浏阳的奋斗目标，突出抓好产业发展、乡村振兴、城乡建管、民生改善、社会治理，努力打造强盛浏阳、活力浏阳、生态浏阳、幸福浏阳。

致力改革，释放发展活力。浏阳市深化重点领域改革。大力推进“最多跑一次”改革，最大限度促进审批提速、办事提效、服务提质。统筹推进农村土地制度改革，实现三项试点全面覆盖和深度融合。深化扩权强镇试点改革，实施“赋权强园”。强化涉农资金整合管理，提升资金使用效益。积极扩大对外开放合作，全力推动“中欧班列”开通烟花外运，引导花炮企业全面进军欧洲市场。深入实施“专业英才千人计划”，面向全国精准引进急需紧缺的专业人才。

转型升级，做强实体产业。浏阳市着力发展新兴产业链。全面开展“产业项目建设年”活动，全力做好建链、强链、补链、延链工作。推动显示功能器件产业链向高端化攀升。做优做强生物医药产业链，培育鼓励生物医药企业研发、引进优良医药品种。围绕壮大智能装备、再制造等产业链，努力创建中部地区先进制造业示范区。着力深耕烟花爆竹产业链，不断巩固浏阳花炮的全球领军地位。立足完善绿色食品产业链，加快发展以食品制造、农副产品精深加工为重点的绿色食品产业。不断健全家具装饰产业链，打造集研发设计、生产制造、原辅材料、建材饰品、展览贸易于一体的产业核心集聚区。提升园区平台带动力，认真落实“长沙工业 30 条”，积极推进“百亿企业、千亿产业培育工程”和“产城融合三年行动计划”，做大做强实体产业。

融合发展，推动乡村振兴。浏阳市推动城乡深度融合。抢抓农村土地制度改革三项试点和农村集体产权制度改革机遇，有效盘活农村存量资产，壮大集体经济，增加农民财产性收入。推进金阳大道三期、天马山隧道改扩建等项目建设，大力建设“四好农村路”，健全城乡资源要素双向流动的快速路网。依托金阳新城建设带动乡村发展，致力打造产城融合示范区、乡村振兴样板区。促进乡村经济繁荣，巩固提升水稻、油菜、油茶、烤烟、花卉苗木等产业水平，重点打造黑山羊、小水果、有机蔬菜等特色知名品牌；培育新型农业经营主体和职业农民，构建现代农业产业体系、生产体系和经营体系。提质美丽乡村建设，坚决打好碧水保卫战和蓝天保卫战，守护好青山绿水。同时，积极推进造绿、公路、电力、水利建设攻坚行动与安全饮水工程，实施农村垃圾、污水、厕所专项整治，全面推动乡村振兴。

扩面提质，繁荣第三产业。做强全域旅游产业。构建“以城区为枢纽，以浏阳河为主轴，以大围山生态旅游板块和‘胡耀邦故里——秋收起义纪念园’红色旅游板块为双核”的全域旅游大格局。壮大商贸物流产业，全面打造金阳新城商圈街区，打造外观精美、功能齐备的城市综合体。加快现代物流产业园和物流标准仓储建设，培育壮大现代物流产业。建设浏阳河文化产业园，率先在全省打造县市级文化产业集聚平台。鼓励新兴文化产业发展，支持夏布、菊花石等传统文化产业创意升级、品牌输出。深化金融创安，规范民间投融资行为，防控金融风险。

双核驱动，提升城市品质。构建新型城市格局。构建浏阳主城、金阳新城“一体两翼”城市发展新格局，科学谋划金阳大道、319 国道两厢开发，推动浏阳主城和金阳新城深度融合、共同发展。完善城市承载功能，加快浏阳主城拓展提质。完善金阳新城配套设施，推动浏阳主城和金阳新城房地产业进一步优化结构、提升品质。完善公厕、公共停车场、道路安全防护等设施，推进地下综合管廊等建设，构建功能齐全、设施完备的城市承载体。按照“四精五有”理念抓好城市建设品质管控，加强城市精细化管理，打造“精美浏阳”。深化城市管理执法体制改革，组建市城市管理委员会，构建“大城管”格局。积极推进智慧城市建设，加强城市数字化平台建设和功能整合，大力推行网格化、精细化、规范化管理模式。

民生改善，增进人民福祉。浏阳市全力推进脱贫攻坚，实现所有贫困户收入水平稳定达到脱贫标准。贯彻落实教育、社会保障等扶贫政策，让贫困群众充分享受政策红利。把产业扶贫作为主攻点，增强产业扶贫的造血功能。精准制定脱贫后续发展计划，确保所有贫困对象稳脱贫、脱真贫、真脱贫。致力抓好民生保障，完善就业创业激励机制。强化保障性住房建设管理，改造城镇棚户区，大力发展公共事业，新建学校、幼儿园、乡镇卫生院、村卫生室等，努力打造“健康浏阳”。着力加强社会治理，健全风险源分级管理、事故易发多发点强化监管、安全生产监督管理派驻制度，促进安全生产形势持续稳定向好。完善社会治安防控体系，推进全市综治中心一体化建设，依法打击违法犯罪活动，确保社会大局和谐稳定，不断实现民生改善，增进人民福祉。

◎ 矿产资源

矿泉水。浏阳矿泉水资源丰富，以饮用天然矿泉水为主，分布相对集中，主要位于东区的张坊镇、大围山镇和北区的淳口镇、蕉溪镇，类型以偏硅酸型为主，水质优良，偏硅酸含量 27.6~72.33 mg/L。通过勘查鉴定的资源点五处，分别是张坊镇禹门、仙姑岩、白石村，淳口镇山田新村，蕉溪镇樟树村，允许年开采量共 227717 平方米。

菊花石。浏阳菊花石矿床主要分布于永和和古港两地区，矿床规模大，层位稳定。浏阳产出的菊花石有白色花瓣和白色花蕊，菊花石花瓣一般长几厘米至十厘米，有的甚至可达二十几厘米，形如菊花。1915 年，曾有匠人用该石制成一套梅、兰、竹、菊横屏，送展巴拿马国际博览会，获金质奖牌。

紫墨湘玉。该玉石品种发现于 20 世纪 80 年代，最初野外定名“金刚墨玉”，2013 年 1 月，中国国际商会湖南商会矿物宝石专业委员会将其定名为“紫墨湘玉”。紫墨湘玉原石为大围山地区所产角岩类变质岩，为堇青石石英黑云母角岩，色纯如墨，可制作首饰、器皿等工艺品和装饰品，具有较高的经济价值。

◎ 旅游名品

大围山国家森林公园。公园地处浏阳东北部湘赣交界处，距浏阳城区 67 公里。园区总面积 42 平方公里，分为 6 大景区 121 个旅游景点。大围山是浏阳河的发源地，又是湘东第一高峰，主峰七星峰海拔 1607.9 米。大围山森林茂密，资源丰富，风景秀丽，气候宜人，被誉为“湘东绿色明珠”，是国家 AAAA 级旅游景区、国家地质公园、国家生态旅游示范区、湖南省自然保护区、湖南省风景名胜区。

秋收起义文家市会师纪念馆。纪念馆位于浏阳市文家市镇，总占地面积 104 亩，主要包括秋收起义文家市会师旧址、历史陈列馆、积谷仓、秋收广场、游客服务中心、停车场等场馆设施。纪念馆于 1974 年正式对国内外观众开放，2008 年实行免费对外开放。先后获评首批全国重点文物保护单位、全国爱国主义教育示范基地、国家

AAAA 级旅游景区、全国红色旅游经典景区、国家国防教育示范基地、湖南省十大魅力场馆、湖南省文明风景区、湖南省干部党性教育基地、湖南省社科普及基地、湖南省中小学生研学实践教育基地。

耀邦故里旅游区。耀邦故里旅游区位于浏阳市中和镇苍坊社区敏溪河畔，周边环境优美、风景宜人，前有敏溪湖自东向西流经，罗霄山脉的支脉苍坊山环抱四周，集自然风光与人文景观于一体。基地景点有胡耀邦故居、胡耀邦同志纪念馆、廉洁文化专题陈列、耀邦广场、廉政箴言书法碑林、胡耀邦文物馆、胡耀邦艺术馆、胡氏家庙、敏溪湖等。近年来，相继获评为全国重点文物保护单位、全国红色旅游经典景区、国家AAAA 级旅游景区、全国爱国主义教育示范基地、国家一级博物馆、湖南省廉政文化教育示范基地等。

◎ 重点企业及项目

惠科第 8.6 代超高清新型显示器件生产线项目。项目总投资 320 亿元，是国内首条大尺寸 OLED 生产线，也是惠科集团在全国布局的第 4 个面板生产基地，占地约 1200 亩，项目达产后预计年产值 260 亿元以上、税收 22 亿元以上，并将带动上下游配套企业实现年产值 100 亿元。

豪恩声学智能制造项目。项目总投资 50 亿元，将建成高度自动化、智能化、信息化的智慧工厂，主要生产微型电声元器件和消费类声学产品，填补浏阳声学高科技产品领域的空白。

泰科天润碳化硅芯片项目。泰科天润碳化硅芯片项目总投资15亿元，建设年产6万片6英寸碳化硅功率芯片量产线，由泰科天润半导体公司投资建设。项目建成投产后，可实现国产功率半导体的自主可控，填补国内产业空白，并可带动新能源汽车、充电桩、光伏、轨道交通、船舶、航空等下游行业。

杉松片区、金桥片区开发项目。项目总投资60亿元，由2017年民营500强第479位的高力控股集团有限公司投资建设。其业态包括大型商业中心、商业步行街、五星级酒店、商务酒店、儿童乐园、住宅等。

华域视觉智能车灯项目。项目总投资 12 亿元，由华域视觉科技（上海）有限公司投资建设，是华域视觉在国内外建设的第 7 个生产基地，已入选省“五个 100”重大产业项目。全部建成后将成为华域视觉在中国最大、世界一流的全新智能化标杆生产基地，也是国内同行业中规模最大的单体工厂。

韵达湖南快递电商总部基地项目。韵达湖南快递电商总部基地项目计划总投资 10 亿元，总占地面积约 300 亩，主要建设四栋厂房、两栋综合楼、30 条流水线，采用全自动交叉带分拣机，打造集智能化分拣中心、仓储配送中心、电商中心、结算中心、快运中心为一体的电商总部基地。可实现快递单量 60 万单 / 日，预计年均营业收入过 10 亿元，年税收 8000 万元，带动就业 1000 人。

平坝区·贵州

追忆明朝军事重镇天龙屯堡文化，领略高原平湖斯拉河峡谷风光，感受小河“湾河绕九曲”自然景观，探索桃花村棺材洞千年洞葬奥秘，体验丰富多彩少数民族风情，平坝风景独好，欢迎您到山里江南·秀美平坝观光旅游！

——平坝区委书记　唐友波

黔中福地上的一颗璀璨明珠

金戈铁马、吹角连营的天龙屯堡明代军事古镇，坝区千顷稼穑如云的田园风光，斯拉河河山泼黛、水挼蓝、翠相搀的诗画意境，地戏精彩纷呈的铿锵演武，能歌善舞、热情好客的少数民族……这里就是平坝——黔中福地上的一颗璀璨明珠。城市高楼拔地而起，刷新着城市新高度；工业园区企业生产线快速运转，展现着新活力；旅游景点穿珠成链，吸引着八方游客……平坝区展现的发展魅力，是平坝区砥砺奋进的实践结晶。“十三五”以来，平坝区坚守发展和生态两条底线，改革创新，砥砺奋进，实施大扶贫、大数据、大生态三大战略，按照“生态立区、工业强区、旅游兴区”发展思路，答好经济社会发展的时代答卷，书写全面建成小康社会的崭新篇章。

◎ 平坝印象

平坝始建于 1390 年，史称平坝卫，1687 年设安平县，1914 年改名为平坝县，2015 年 5 月 4 日经国务院批准正式撤县设区。平坝地处黔中腹地，因地多平旷而得名，素有“山里江南”之称，隶属安顺市，区域面积 999 平方公里，辖 7 镇 2 乡 2 个街道（含托管给贵安新区的高峰、马场两镇），总人口 36 万，是安顺的东大门，也是贵安新区的核

心组成部分。平坝自然风光怡人，文化底蕴深厚，民族特色浓郁，素有“中国屯堡文化之乡”“中国民间文化艺术之乡”“中国清真美食之乡”等美誉。

平坝区位置优势明显，处在贵阳—安顺半小时经济圈内，借助贵安新区平台优势，既可吸收贵阳的辐射，又可分享安顺的发展利好，为平坝承接产业转移，寻求工业化推力和拓展广阔市场奠定了良好基础。交通条件优越，地处大贵阳都市圈，邻近龙洞堡、黄果树两个高等级机场，沪昆高速公路、厦蓉高速公路、贵昆铁路、株六铁路、贵安路等贯穿全境，沪昆高铁已建成通车，境内还设有两个高速铁路站和五个城际铁路站，交通四通八达。自然资源富足，“八山一水一分田，贵州最贵是平坝”，作为贵州地势最平坦的区域，平坝拥有 6 个万亩大坝和 14 个千亩大坝。作为全国 200 个重点产煤县（区）之一，平坎已探明煤储量达 4.6 亿吨，是黔中重要的能源基地。平坝还是贵州西线旅游必经之地，拥有风光秀丽的斯拉河、景色旖旎的邢江河、明朝遗风的天龙屯堡，以及佛教圣地高峰山等知名旅游景点。发展机遇良好，国家深入实施新一轮西部大开发，特别是贵安新区、安顺国家级高新区建设，为平坝加速发展、加快转型、推动跨越带来了千载难逢的历史契机。

平坝区属全省经济强县，也是滇桂黔石漠化集中连片特困地区，全区不含高峰镇、马场镇外，81 个行政村中有 43 个贫困村。开展脱贫攻坚，实现全面脱贫，是平坝区全面奔小康的时代任务。

◎ 塘约之变

塘约村位于安顺市平坝区乐平镇，共 921 户 3524 人。2013 年，塘约村农民人均年纯收入仅为 3786 元，村集体经济基本无积累，是国家级二类贫困村，脏、乱、差、苦、穷、弱现象突出。2014 年 6 月，一场百年不遇的洪水让塘约村雪上加霜。

塘约村党总支以党建为抓手，通过强组织、聚人心、促改革、淳民风、抓产业等措施，探索出一条决战脱贫攻坚的新路，塘约村的发展模式为农村脱贫打造出了“塘约样板”，成为贵州农村改革的一面旗帜。在 2017 年全国“两会”期间得到了时任全国政协主席俞正声同志的充分肯定，同年“塘约经验”写进了省第十二次党代会报告，2018 年写入了省乡村振兴战略实施意见。2019 年，塘约村上榜全国“改革开放 40 年地方改革创新 40 案例”，成功申报为国家 AAA 级旅游景区，获评全国乡村旅游重点村和全国乡村治理示范村。

塘约村腾飞的关键在于抓住了农村改革的牛鼻子，其根本在于有一个好的基层党组织。塘约村强化“支部管全村，村民管党员”的新思路，抓党建、讲党性、重学习，坚持“三会一课”不放松，最终探索出塘约新道路。成立合作社，七权同确，培育新农民，发展新农业，建设新农村，三权促三变，“红九条”“黑名单”……步步为营巩固所有制，踏踏实实共享改革成果，“村社一体，合股联营”。无规矩不成方圆，无五音难正六律，村干部凝聚党心民心，建设风清气正的党风，最终带动集体经济的壮大和乡风民俗的再造。

如今的塘约，基层组织建设有力，产业发展欣欣向荣，宽敞的柏油路、成片的小洋房、绿水青山、小桥流水、气候宜人……全然一片希望的田野，是新时代农村改革的最美画卷。

塘约之变，是深化改革过程中土地与人的双重觉醒，是平坝区脱贫攻坚的一个缩影。近年来，为确保按时高质量打赢脱贫攻坚战，平坝区坚持以深化农村改革为抓手，先后涌现出塘约经验、高田模式、“两转一包”等彰显平坝速度、展示平坝形象的脱贫经验，还有塘约村左文学、高田村朱高学、平元村肖正强等一批农村致富带头人，成为全市、全省乃至全国典型。

◎ 脱贫攻坚 全力奔小康

近年来，平坝区委、区政府认真贯彻总书记关于脱贫攻坚重要指示精神，始终坚持以脱贫攻坚统揽经济社会发展全局，全面落实中央和省、市有关要求，以决战决胜的姿态和最坚决的态度、最有力的举措、最务实的作风，聚焦“一达标两不愁三保障”和“三率一度”核心指标，坚持以“五步工作法”为指导，以“四场硬仗”为突破，充分调动一切可调动力量，集中火力，全力攻坚，坚决夺取脱贫攻坚战的全面胜利。大战打响以来，42207 名农村贫困人口实现脱贫，43 个贫困村实现摘帽，全区贫困发生率实现从 2014 年的 12.63 %降至 2019 年为零的目标，绝对贫困问题得到历史性解决。

特别是2018年9月摘帽退出以来，严格落实总书记“四个不摘”的要求，以巩固脱贫攻坚成果为重点，紧紧围绕提升群众致富能力，健全完善帮扶长效机制，连续发起“春季攻势”和“夏秋决战”，深入开展“五个专项治理”，着力补齐“两不愁三保障”短板弱项，实现了脱贫攻坚巩固提升与“乡村振兴”战略的有机衔接。尤其是2020年以来，面对突如其来的新冠肺炎疫情，我们坚持一手抓疫情防控、一手抓脱贫攻坚，一刻不放松，一天不耽误，采用“电话走访”的方式，掌握贫困群众受疫情影响等方面的情况，对困难群众给予大力帮助。3月上旬，疫情相对好转，我们立即召开全区脱贫攻坚誓师大会，深入开展“2+3”大普查和“3+8”挂牌督战，有力补齐“一达标两不愁三保障”短板弱项，夯实了全面打赢脱贫攻坚战的基础。

“四个强化”扛起重大政治责任。平坝区坚持把扶贫工作作为压倒一切的政治任务，严格落实主体责任，以“贫困不除、愧对历史，群众不富、寝食难安，小康不达、誓不罢休”的信心和决心，决战决胜脱贫攻坚。一是强化思想认识。深入学习习近平总书记关于扶贫开发工作系列重要论述和指示批示精神以及省市有关部署要求，推动全区上下以“攻城拔寨”的勇气，“踏石留印、抓铁有痕”的作风，用“绣花功夫”做好脱贫攻坚工作。组织开展新时代农民实践中心（站、所）宣讲、政策文化“三进村”活动和院坝会等，先后聘请高校、省扶贫办等专家为广大干部职工集中授课，全区上下进一步统一了思想，凝聚了共识，推动了各项任务高效落实。二是强化组织保障。严格落实脱贫攻坚“一把手”负总责的责任制，构建“1+4+N”立体化工作架构，确保指挥体系横向到边、纵向到底。“1”即成立平坝区脱贫攻坚总决战领导小组，由书记、区长任组长，统筹负责全区脱贫攻坚工作；“4”即将9个乡镇（街道）划分为四个战区，四大班子主要领导分别任指挥长，所在办公室为责任单位，负责抓好本战区工作落实；“N”即在全区各行政村组建村级脱贫攻坚作战指挥部，各村指挥部由联系区领导、帮村书记、第一书记、驻村工作队、党建小分队、固定驻村人员、村支“两委”成员等组成，形成梯队效应，落实具体工作。同时，强化基层组织建设，选优配强村级党组织带头人队伍，建立保障激励机制，着力提升攻坚队伍能力素质。三是强化统筹引领。认真贯彻落实“五步工作法”要求，出台“1+15”配套文件，从危房改造、“组组通”、产业扶贫、教育扶贫、旅游扶贫、医疗扶贫、社保兜底、就业培训、饮水安全、村庄整治等方面进行统筹部署。编制《平坝西部片区振兴工程实施规划》《平坝区壮大村级集体经济发展实施规划》等，加大偏远地区帮扶力度，扶持村级集体经济发展，带动广大贫困户增收致富。出台《抓党建促脱贫攻坚十项行动计划》《关于抓党建促脱贫攻坚工作的实施意见》等文件，结合“淬火升华·六项行动”，大力推广“塘约经验”，切实把基层党建工作重心转移到脱贫攻坚上来，形成声势浩荡的“大合唱”。四是强化作风建设。制定《脱贫攻坚作风纪律问责督查工作方案》，严肃查处脱贫攻坚工作中作风不实、成效不明、不作为、慢作为及各种违法违纪等行为。在纪委和组织部定期开展督查的基础上，创新开展由“两代表一委员”组成的脱贫攻坚作风督查组，深入各乡镇（街道）、区直各部门（单位）明察暗访，在区行政中心张贴“红黑榜”公示督查结果。

“四个落实”夯实工作基础。平坝区坚定必胜信心，把握时间节点，坚持不懈抓紧抓实抓好各项工作，确保责任、政策、工作和资金落地落实、收到实效。一是责任落实。坚持把脱贫攻坚作为树牢“四个意识”、坚定“四个自信”、做到“两个维护”的具体行动，压实县、乡、村三级攻坚责任，区委常委分工联系9个乡镇（街道），43名区领导包干43个贫困村，4838名帮扶干部包保全区所有贫困户。层层签订《平坝区确保按时高质量打赢脱贫攻坚战承诺书》《脱贫攻坚总攻责任状》，对漫不经心、敷衍应付、慵懒散漫的干部，创新出台《平坝区脱贫攻坚“七个严禁、七个一律”》，以严格的纪律保障脱贫攻坚的责任落实，保证脱贫攻坚的全面胜利。二是政策落实。制定出台《平坝区解决“两不愁三保障”突出问题工作方案》《平坝区脱贫攻坚巩固提升行动方案》《平坝区关于推进乡村振兴夺取脱贫攻坚全胜的实施意见》等40余个文件，明确各项目标任务，完善政策措施，为打赢脱贫攻坚战提供有力保障。针对贫困地区集体经济薄弱等问题，跟进出台《关于完善激励机制深化农村经营体制改革的若干意见》《关于深化农村产业革命加快推进农村土地“两转一包”的若干意见》等文件，使脱贫政策更接地气、更为精准、更有底气。三是工作落实。坚持抓具体、抓深入，专题研究农业产业发展、基础设施建设、易地扶贫搬迁、东西部扶贫协作、“五个专项治理”、剩余贫困人口脱贫、脱贫攻坚大普查等工作，确保实现“一达标两不愁三保障”。2020年以来，区领导带队开展“3+8”督战，动员全区各级领导干部深入开展“2+3”大普查，对“一达标两不愁三保障”情况进行核查评估。深入开展“查漏补缺”“四查一访”，进一步推进“四个不摘”有效落实，确保脱贫成效高质量。四是资金落实。累计投入66.73亿元，打好基础设施、易地扶贫搬迁、产业扶贫、教育医疗住房“三保障”四场硬仗，不断优化农业农村发展条件。

“四个保障”推进惠民利民。严格落实中央和省、市部署要求，聚焦“3+1”保障标准，细化工作措施，精准扶贫举措，确保人民群众共享脱贫攻坚成果。一是着力抓好教育保障。扎实推进“五个全覆盖”，义务教育基本均衡通过国家评估验收。脱贫攻坚以来，共投资13.44亿元，新建、改扩建学校312所，新增学位20145个；资助各类贫困学生13.53万人（次）计1.12亿元，办理贫困大学生生源地信用助学贷款1.5227万人（次）计9744.38万元，确保建档立卡贫困学生无障碍入学。层层签订“控辍保学”目标责任书，进一步压实“七长”“双线”责任，实现义务教育阶段贫困学生零辍学。二是着力抓好医疗保障。全面落实“先诊疗后付费”“一站式结算”，建档立卡贫困人口100%参加新农合，让全区所有贫困群众看得起病。加大医疗基础设施建设，区人民医院、303医院综合楼建成投用，妇幼保健院、疾控中心、中医院新院房项目基本建成，医疗服务水平明显提升。改扩建9个乡镇（街道）卫生院（社区卫生服务中心），并完成规范化建设，推进城乡医疗服务体系向村延伸。三是着力抓好住房安全保障。2014年以来，高质量完成各年度危改任务8799户。筹资对全区有人居住、主体安全但相对老旧的房屋进行修缮，确保人民群众的住房安全。2019年以来，扎实开展住房安全动态管理再排查，整治透风漏雨老旧住房，将新增的4类重点对象226户纳入政府兜底保障改造，确保群众住上安全房、放心房。四是着力抓好饮水安全保障。完成石朱桥水库（中型）、老营水库以及白云、齐伯等乡镇抗旱应急水源工程建设，大力实施小农水项目，有效解决群众供水和农田灌溉问题。实施农村饮水安全巩固提升工程 170 处，惠及农村人口 156437 人。认真落实“三个责任”，出台《平坝区农村饮水安全运行管理办法（试行）》等文件，组建专业化运营公司，对全区农村饮用水工程实行区、乡、村三级管理，确保群众饮水安全；投入 445 万元，用于全区农村饮水安全工程水质消毒、水源保护、设施维修和运行管护，全面补齐饮水安全短板。

“四个精准”推动任务落实。始终把精准二字贯穿脱贫攻坚全过程，不断改进作风，加大投入，全力确保扶贫工作务实，脱贫攻坚扎实，脱贫成效真实，经得起实践和历史的检验。一是精准识别。严格遵循“一比对两公示一公告”，组织区、乡、村组四级干部开展“大回访”“大核查”，对建档立卡贫困对象进行反复核查，先后三次大规模排查，及时纠正工作偏差，通过动态调整管理，切实做到“该进的一户不漏，不该进的一户不进”。二是精准帮扶。扎实开展驻村帮扶，省、市、县、乡四级共选派 299 名干部组成 81 个驻村工作组，全区 81 家部门单位的“一把手”担任“帮村书记”，81 名股级以上干部担任第一书记，形成“双书记、双保险”的帮村模式。扎实开展社会帮扶，全区 137 家企业与 69 个村结成帮扶对子，帮助 8000 多名建档立卡贫困人口脱贫。扎实抓好生态扶贫，在全区贫困人口中选聘生态护林员，共带动 2056 人脱贫致富。三是精准退出。按照“一达标两不愁三保障”和“七个不准退出”要求，对缺资金、缺技术、缺劳动力、因学、因病、因残等贫困户，进行分类指导、分类帮扶、分类管理，因村施策、因户施策、因人施策。符合脱贫标准的，严格按规定程序实施退出，不符合标准的，坚决做到一户也不能退。四是精准管理。全面落实财政专项扶贫资金、项目、措施，帮扶干部到乡到村到户，强化全过程监督检查，随时进行查错纠偏，做到精准管理。制定《平坝区财政专项扶贫资金报账制度管理办法》等办法，采取积极措施，盘活存量资金，加快项目审核和资金支付进度，严肃财经纪律，确保资金精准安全高效使用。

“四个深化”推动质量提升。平坝区始终坚持问题导向、目标导向、结果导向，紧紧围绕深化基础设施、易地扶贫搬迁、产业发展和创业就业，有力提升了脱贫质量。一是深化基础设施建设。实施农村道路畅通工程，完成平齐路及天织路改扩建和“组组通”项目，全区实现乡村组公路全覆盖。出台农村公路养护管理办法，落实相关资金，推进“建管养运”相统一，成功创建省级“四好农村路”示范县。强化农村人居环境综合整治，建成农村污水处理站，改造厕所，实现农村垃圾“一把扫把扫到底”。二是深化易地扶贫搬迁。坚持把易地扶贫搬迁作为脱贫攻坚的“当头炮”和“关键招”，采取以产定搬、以岗定搬，通过城镇化集中安置，实施易地扶贫搬迁，让搬迁农户一步住上新房子、快步过上好日子。健全易地扶贫搬迁后续帮扶机制，完善基本公共服务体系，15个安置点全部纳入安置地村委会管理或社区居委会管理，搬迁群众子女全部实现就近入园、入学，搬迁对象参加基本医疗保险实现全覆盖，一户一人以上稳定就业。完善社区治理，设立警务站，实行网格化管理。完善党建体系，在青庄、塔山安置点成立党支部，其他安置点均纳入安置地村党支部管理。三是深化产业扶贫。坚持把产业扶贫作为打赢脱贫攻坚战的重要抓手，围绕“一基地两沿线十四坝区”总框架，以500亩以上坝区作为农业产业结构调整的“主战场”，聚焦蔬菜、中药材、经果林、茶叶和水稻等“4+1”主导优势产业，建成了一批产业基地和全省高标准蔬菜示范基地。引导龙头企业、新型农业经营主体采取多种形式联结贫困户，培育了昊禹米业、德康牧农、黔昌粮油等一大批实力强劲的新型农业经营主体，打造了齐伯小黄姜、大屯山药、二官大葱、高寨食用菌等一批优质特色产业示范基地，产业带动群众增收作用明显增强。四是深化创业就业。深入开展“千企帮千村”活动，带动区域内企业解决贫困人口就业。积极构建“合作社+贫困户”“能人+贫困户”就业扶贫机制，带动农村劳动力就近就地转移就业。积极开发乡村各类扶贫就业专岗，使建档立卡贫困家庭劳动力兜底安置就业。

“四个加强”确保高质量脱贫。围绕强化东西部扶贫协作、金融支持力度、防贫预警监测、社会保障兜底四项工作，久久为功、持续用力，为全面打赢奠定坚实基础。一是加强东西部扶贫协作。把“中央要求、平坝所需、市南所能”结合起来，建立东西部扶贫协作常态化机制，实现了两地之间乡镇（街道）、区乡级医院和中心学校的结对全覆盖。二是加强金融支持力度。严格落实金融扶贫政策，成立“户贷企用”风险防范工作小组，坚决杜绝“户贷企用”行为。持续做好扶贫小额信贷资金管理，对2020年受疫情影响暂不能还款的贫困户合理调整还款时间。三是加强防贫预警监测。打造“监测、预警、扶持、保障”防贫工作体系，做到风险早掌控、薄弱环节早发现、突出问题早整改，确保全区已脱贫人口持续稳定脱贫，实现从“治贫”到“防贫”的提升。四是加强社会兜底保障。制定《平坝区2020年城乡低保提标方案》，对全区1305户年人均纯收入在 6000 元以下的建档立卡贫困户、69 户重点监测户、64 户边缘户逐一入户核查，新增纳入农村低保 115 户 390 人。及时下拨各乡镇（街道）27 万元临时救助备用金，将临时救助备用金使用权限从 1000 元提高到 2000 元。

◎ 旅游名品

天龙屯堡。天龙屯堡文化旅游区，主要由天台山、天龙屯堡古镇两部分组成。天龙古镇是一个具有 600 多年历史，展现“大明遗风”的人文景观，是典型的屯堡古镇。伍龙寺是一座森严壁垒的城堡，因其建筑奇特，空间布局巧妙，被中外专家和学者誉为“中国山地石头建筑的绝唱”。天龙镇天龙村历史悠久、文化积淀丰厚，是屯堡文化各种类型的集中体现及典型代表，完好地保存了众多的明清建筑群、明代军事遗址和明代江淮汉族人的民风民俗，是安顺屯堡文化的重镇。随处可见的石头建筑、木头架构、衣服装饰，就连饭菜都有很多故事，可以说是处处都在诉说着故事。

小河湾。小河湾位于平坝区夏云镇境内，文殊河在这里形成了九道美丽的河湾，每道河湾风光各异，素有“九道河湾九道景”之说。小河湾因三面环水而得名，也赋予这个苗家村落钟灵毓秀之气。白墙红瓦的民居，掩映在绿树中，临河水阁，林荫步道，古色古香，水村一体，呈一幅典型的江南水墨画，透出宁静致远的意境。近年来，平坝区秉承“道法自然”的理念，不推山、不填河、不砍树，保留了

小河湾村的传统民俗风情和田园风光，将河道、绿地、广场、木栈道、沿河观光石凳等有机衔接，发展乡村休闲旅游。

黎阳航空小镇。小镇位于平坝城区南部，地处黔中腹地。整个黎阳航空小镇总体分为三期建设，其中航空展览馆、山体公园、特色酒店、俱乐部、五号体验馆、百货大楼及航空广场等为一期建设项目。展览馆处于小镇的核心位置，整个展览馆建筑面积为 6180 平方米，以航空知识科普、三线文化体验、红色爱国教育为目的，采用情景体验互动等多种方式，结合大量珍贵实物，宣扬航空报国的重要意义，带领观众切身感怀艰苦奋斗、无私奉献的三线精神。同时，展览馆也将作为平坝军民融合产业的展示窗口和招商平台投入使用。

◎ 名优特产

平坝灰鹅。平坝灰鹅是贵州省地方优良品种，具有遗传性能稳定、觅食力强、生长快、育肥性能高、以草食为主等特点，是发展草地畜牧业和无公害食品的优良鹅种。平坝灰鹅肉质鲜美细腻，具有祛风散湿、滋补营养、美容养颜、软化血管等保健康养功能，受到消费者的青睐。平坝灰鹅已成为中国清真美食之乡的餐饮文化品牌，鹅肉是清真食品的独有食材，平坝灰鹅火锅是贵州省级名牌火锅，平坝“红华鹅肉粉”被中国烹饪协会认定为“中华名小吃”。

高山云雾茶。高山云雾茶生长在海拔 1520~1600 米的山间，茶园四周森林环绕，并且每年约有 230 天云雾笼罩，形成茶在林中、林在山中、山在雾中、林中有茶、茶林相间的独特生长环境。高山云雾茶内含物质丰富，其中氨基酸含量 12.2%，高于国家标准 8 个百分点，水浸出物 52.6%，高于国家标准 15.6 个百分点，同时富含人体所需的锌、硒微量元素。高山云雾茶具有外形紧结卷曲，匀整，色泽绿润，银毫密布的特点。经冲泡后，汤色清澈明亮，栗香气高郁持久，滋味鲜爽醇厚、回味悠长。

林卡辣椒。林卡辣椒的种植已有 400 多年历史，因主要产自于平坝区林卡村而得名。由于当地特殊土质和地理环境，林卡辣椒具有色泽鲜红、肉厚籽少、大小均匀、辣味适中的特点，在食用的过程中，充分体现香、辣一体性，是菜肴中的调味佳品，同时也是提炼红油、加工辣椒制品的最佳原料。林卡辣椒还具有杀菌、营养、祛寒等功能，适当吃辣椒对人身体健康大有裨益。以林卡辣椒为原材料开发的香辣丝、香辣脆产品也深受市场和广大消费者的好评。

◎ 重点企业

贵州三力制药股份有限公司

公司成立于 1995 年，是一家集研究、开发、生产、营销于一体的现代化中药制药企业。公司主要生产儿童用开喉剑喷雾剂，治疗咽喉肿痛，该产品国内市场占有率达 90% 以上，累计创造工业产值超40亿元，累计实现纳税超6亿元。脱贫攻坚工作开展以来，该公司主动履行企业社会责任，提供产品原料山豆根的种苗及技术，通过村级合作社种植、公司收购的模式，大力激发了贫困人口脱贫内生动力。目前，该公司在岗人员共298人，其中吸纳本地劳动力35人。

黎阳国际制造有限公司

公司成立于2014年11月，2015年4月开始独立运营，现有员工347人，产品涵盖了民用航空发动机核心零部件、飞机短舱零件、地面燃机零件、石油钻探设备零件、华为公司海底电缆机加件、航天器动力零部件等。近年来，黎阳国际抢抓国家支持军民融合发展机遇，积极探索体制机制改革，引入北京中航国际作为战略投资者，有效助推公司发展。目前，黎阳国际客户群涵盖法国斯奈克玛、意大利新比隆、美国通用电气、美国联合技术航序系统公司、美国哈利博顿、英国罗尔斯·罗伊斯、中国华为等世界500强企业，在国内行业处于领先水平。

贵州富强科技包装有限公司

公司成立于2007年，注册资本1.55亿元，是贵州省和西南地区最大的一家集研发、生产和销售一次性生物可降解餐饮用具于一体的现代化企业，产品占贵州市场的95%以上。现有14个外观设计专利、19个实用新型专利，“富强”牌一次性餐饮用具被评为“贵州省著名商标”和“国家绿色环保产品”。为延长产业链，该公司抢抓“千企改造”政策机遇，于2019年4月投资1.2亿元实施二期项目，工程进度已完成60%。目前，该公司在岗人员共510人，吸纳本地劳动力440人。

普定县·贵州

普定，“普天之下，幸福安定”之意，这是一座有着深厚文化积淀的历史名城，拥有穿洞文化、夜郎文化、屯堡文化等独特的历史文化遗存。这里自然景观独特、生态植被完好、旅游资源丰富、交通区位优越、经济发展迅速、民俗民风淳朴。大美普定欢迎您！

——普定县委书记　徐德祥

山水秀美、文化深厚的活力之城

每每提起“中国瀑乡”，很多人便想到美丽安顺。您可知在安顺有一县，文化底蕴厚重，源远流长，早在一万六千多年前，早期南方智人“穿洞人”在这里创造了被誉为“亚洲文明之灯”的古人类文化；汉、苗、布依、仡佬、彝、白等民族相互融合，和谐共存；这里万山绿遍、山水文城，气候四季如春，这里便是被誉为贵州高原上一颗璀璨的夜郎明珠——“中国民间文化艺术之乡”的普定县。这里集南国山水和北国风光于一身，神奇而美丽，如此佳境，怎不令您心驰神往？

◎ 普定印象

既然想来普定看看，不妨先了解一下这个美丽的地方。“城北有门。”这是长辈们讲述关于普定老故事时的开场白，普定这座老城，原名叫“定南”，这个地名来源于“大明定南所”的摩崖石刻。明洪武十四年（1381 年），有个叫顾城的将军在定南城筑城守卫，在城的东华山上题写“大明定南所”。至此，“定南城”诞生。

普定县是国家深化县城基础设施投融资体制改革试点县之一，地处黔中腹地，东与

安顺市西秀区、开发区、平坝区毗邻，南与镇宁县接壤，西与六枝特区相连，北抵毕节市织金县，行政辖区面积 1091 平方公里，辖 6 镇、3 乡、4 街道、162 个行政村、13 个居委会，总人口 51 万人。境内交通便利，地理位置优越，距安顺 14 公里，距贵阳 110 公里，株六复线、贵昆铁路、黄织铁路及安六城际铁路穿境而过，安普高速、普织高速直通县城，安普城市干道方便快速，已实现乡乡通油路、村村通公路、组组通硬化路。

普定县古为牂牁夜郎国地，唐贞观四年（630 年）建立第一个建制县——始安县，元宪宗七年（1257 年）改为普定府，“取普里底定之寓也”。这里孕育了著名学者、诗人、书法家任可澄，著名花鸟大师、雕塑大师袁晓岑，著名哲学家、美学大师刘纲纪，著名画家、雕塑家袁熙坤等享誉海内外的文化精英。从明朝中期发展而来的花灯文化被誉为贵州西部旅游线上的一朵艳丽山花。有着悠久历史的猴场苗族射弩是省级非物质文化遗产。普定县先后荣获“中国民间文化艺术之乡”“全国文化先进县”称号。

这里气候宜人，冬无严寒，夏无酷暑，四季温润如春，年平均温度 14.6 摄氏度，负氧离子含量丰富，境内的丰林火焰山珍稀树种繁多，深秋时节遍山红叶远观似火，颇为壮观，是“天然植物公园”；普屯坝平坦巍峨、生态良好，是天然的“生态屏障”；夜郎湖山映碧水、水抱群山、风景优美、水质优良，是安顺、普定两城百万人口生活用水

的天然“大水缸”。这里有韵味十足的屯堡文化瑰宝——花灯、地戏，这里有独具特色的省级非物质文化遗产——铁水冲龙。

西路花灯起源于普定县，马官镇是国家命名的花灯艺术之乡。在普定，花灯诞生于明洪武至清顺治前期，经历了近 300 年的演变过程。至清乾嘉时期，普定花灯班已遍及

普定汉族居住的村寨和部分少数民族村寨。普定花灯的演出形式主要以地灯中的歌舞灯、灯夹戏为主，大多出自民间花灯老艺人，因此得以保持其纯朴的艺术风格及浓郁的乡土气息。

高台地戏一般是以 48 张八仙桌摆成金字塔状，叠为 5 层，高 5 米，成阵式表演，最多时可用 84 张八仙桌叠成 8 层，高 8 米。阵式有长蛇阵和铜旗阵，现在多以铜旗阵为主。 高台地戏从古传承至今，有着其特有的演出程序，即开箱、祭阵、扫场。开箱仪式是每年要跳戏之前先杀鸡祭祀，主要演员以鸡血点场，然后打开封存了一年的道具箱，取出道具。祭阵是将桌子摆好后，用香、蜡、纸、烛祭祀，主要演员跳上桌子，口念吉祥祭词，祭阵结束后就百事大吉，可以唱戏了。扫场是主要演员口头宣布带兵回归阵位，剧目结束。

铁水冲龙是春节期间传统的娱乐活动，主要在县城及城郊村寨举行，尤以县城热闹。农历正月初，县城各街道的“龙灯会”开始扎龙、送贴。用竹条或铁丝绑扎龙架子，龙头至尾共 11 节，外糊白纸或绸布，上绘彩色鳞甲。农历正月初六开始出灯耍龙，龙头至龙尾每节内点灯蜡，一人执举一节，锣、钹、鼓敲击开道，红宝灯在前引路，恭贺接贴人家。龙到接贴人家，红宝灯举于门首，龙头正向，一人四句恭贺，众人应和，接龙人家以红封作谢，也有的为龙头挂红作谢，谢毕，开始耍龙，龙头随红宝灯上下左右舞动，各节依次追随，接龙人家围龙施放爆竹烟花。正月十五晚，各街龙灯沿街道玩耍，

龙灯到处，锣钹震天，鞭炮震耳，烟花交织。深夜，各路龙灯汇聚地势宽阔之处围耍，龙随灯舞，上下翻腾，一时铁水花、牛角烟花、魔术烟花、鞭炮一齐冲向龙灯，耍龙进入高潮，夜空五彩缤纷，观者人山人海，很是壮观。

◎ 詹全熊的脱贫故事

这般山美、水美、人美的养生福地，为何却少为人知呢？那是因为过去的普定经济发展较为滞后，城市发展相对缓慢，是国家扶贫开发工作重点县，也是滇桂黔石漠化集中连片特困地区片区县。

詹全熊家曾经是普定县马官镇堡桥村少有的贫困户之一。家里有年迈的父母，有两个孩子在校学习，妻子身体不好，家庭生活的重担全部压在了詹全熊一个人身上。2017年，詹全熊得到政策帮扶，申请了“特惠贷”，开启了“食用菌种植”产业。现在，他的食用菌毛年收入达到20万元，食用菌大棚也已扩展到三个。走进詹全熊的家，只见两层小砖房一字排开，一楼是老房的样子，二楼装修过，还贴了瓷砖，院内有农具、菜园，这就是詹全熊一家脱贫的象征。詹全熊说：“村里有7名建档立卡户在我的大棚里务工，这些老年人有了收入，是让我挺骄傲的一件事。”曾经极度贫困的家庭如今过上了好日子，还能带动别人增收致富。他相信，在党的好政策支持下，一个愿意干活、愿意出力的人是不会穷一辈子的。

詹全熊是普定贫困户中的一个缩影，为确保2020年全面打赢脱贫攻坚战，普定县坚持扶贫、扶志和扶智相结合，在实施各项惠民政策的同时，通过开展“一户一策”帮助贫困户制订发展规划，开展技能培训、典型引领带动、输血与造血并举，多举措助推群众脱贫致富。

◎ 脱贫攻坚的普定答卷

普定县始终坚持以脱贫攻坚统揽经济社会发展全局，坚持问题导向、目标导向和结果导向，集中力量决战决胜脱贫攻坚。全县有建档立卡贫困人口3.2万户12.2万人，于2019年底实现全部脱贫。

脱贫攻坚以来，普定县围绕精准扶贫、精准脱贫基本方略，建立和完善了各负其责、各司其职的责任体系，精准识别、精准脱贫的工作体系，上下联动、统一协调的指挥体系，保障资金、强化人力的投入体系，因地制宜、因村因户因人施策的帮扶体系，广泛参与、合力攻坚的社会动员体系，多渠道、全方位的监督体系，始终紧盯“两不愁三保障”，举全县之力，采取超常规举措，整合一切资源，尽锐出战、齐心协力、集中火力、精准发力决战决胜脱贫攻坚，啃掉贫穷这块硬骨头！

“三保障”助推脱贫。民之所盼，政之所向。普定县坚持以人为本、以民为先，精准打好教育、医疗、住房“三保障”硬仗，让贫困群众真正实现学有所教、病有所医、住有所居，民生福祉实现了新跨越。在教育方面，为了不让一个孩子因贫失学，普定县深入开展教育精准扶贫资助，严格执行控辍保学工作“七长”和“双线”责任制，开通“绿色通道”，全力保障农村建档立卡贫困学生无障碍入学，落实学前至大学各类教育资助补助资金6.605亿元，确保贫困学生应助尽助；城镇义务教育学校和农村寄宿制学校建设进一步加强，办学条件扩容改善计划大力实施，贫困乡镇（街道）中小学布局规划优化完善，贫困乡镇（街道）薄弱学校基本办学条件全面改善。在医疗保障方面，普定县立足解决“贫困患者人人看得起病”的问题，借助医疗卫生体制改革东风，积极探索医疗卫生“组团式”帮扶模式，构建“两种类型”医联体、打造“两个集团”医共体、组建“两支义诊”服务队、筑牢“两张帮扶”保障网，切实提升基层医疗卫生服务能力，全面打通医疗卫生服务群众“最后一公里”；普定县大力改善县乡村医疗卫生服务环境，新建、改扩建村卫生计生室，实现所有行政村均至少有一个卫生室并配备至少一名合格乡村医生；建档立卡户新农合参保率、家庭医生签约服务率达到100%；建档立卡人口大病专项救治实现全覆盖；全面落实县域内医疗机构“先诊疗后付费”和“一站式”即时结报，有效遏制了因病致贫、因病返贫。危房改造方面，普定县对全县农村危房实行应改尽改，2014年以来投入补助资金2.61亿元，实施农村危房改造、“三改”和农村老旧住房透风漏雨整治，危房改造竣工率100%。

“产业发展”助推脱贫。打赢脱贫攻坚战，产业发展是关键。普定县把产业扶贫作为助推贫困群众持续增收的重要渠道，因地制宜加快发展对贫困户增收带动作用明显的“三种一养”产业（韭黄、茶叶、食用菌、肉兔），做到“户户有增收项目，人人有脱贫门路”。推进种植产业全覆盖，围绕村村有产业、户户能就业、人人有收入的目标，大力发展韭黄、茶叶、食用菌等主导产业。种植产业惠及贫困户2.87万户11.03万人，实现人均增收3000元以上。推进退耕还林全覆盖，积极推进石漠化治理，完成营造林34万亩，种植金刺梨、梭筛桃、冰脆李等经果林20万亩；完成35.84万亩国家重点公益林、14万亩地方公益林管护工作，选聘建档立卡贫困人员担任生态护林员1863人次。推进养殖产业全覆盖，实施以村级公司为主的肉兔养殖，建成肉兔养殖场83个，带动贫困农户12687户；建成肉兔饲料厂、肉兔屠宰场、有机肥厂等配套设施，有力推进肉

兔全产业链发展。如今，越来越多的特色产业扶贫项目在普定遍地开花，为决战决胜脱贫攻坚注入“源头活水”，带贫能力提档升级，普定县演绎了一曲曲新时代产业扶贫的奋斗之歌。

“易地搬迁”助推脱贫。2019 年，全面完成“十三五”期间易地扶贫搬迁任务，新建 14 个安置点，搬迁安置 3248 户 14396 人，拆除旧房复垦复绿 2517 户，拆除率 100%。新建及改扩建安置点中小学及幼儿园 6 所、卫生服务站 13 个，培育引进 1000 余户商家，在安置点周边发展韭黄、茶叶、肉兔养殖等产业，实现户均就业 1.8 人以上。紧扣“五个体系”建设扎实做好易地扶贫搬迁“后半篇文章”。对已完成搬迁入住的贫困户，重点加强后续扶持和巩固提升脱贫成果，采取“三个提前、三个同步、三个持续”有效措施，不断激发搬迁群众内生动力，拓宽就业门路，全面实现一户一人就业，让搬迁群众尽快融入安置地生产生活环境，稳定生活，实现了搬得出、稳得住、逐步能致富。普定县易地扶贫搬迁工作一直位于贵州省前列。

“东西协作”助推脱贫。普定县始终把对口帮扶作为重大政治任务，不断实现全方位、多领域协作交流。重点围绕“六个强化”推进东西部扶贫协作。坚持把东西部扶贫协作作为“一把手”工程，先后选派四名副县级干部到崂山区挂职交流，崂山区先后选派三名领导干部挂任普定县委常委、副县长职务，主要分管扶贫工作及东西部扶贫协作工作，干部互派有力地促进了两地人才交流、招商引资、结对帮扶等各项工作的开展，切实发挥了桥梁纽带作用。五年来，积极开展东西扶贫协作党政干部培训和专业技术人才培训，进一步推进了干部人才队伍建设，干部综合素质、业务水平不断增强，有效地提升了干部的服务水平。全县争取东西部扶贫协作援助财政资金共计 1.38 亿元，实施项目 95 个。其中易地扶贫搬迁安置点教育医疗配套设施建设资金 2240 万元；产业发展 8142 万元，产业项目实施带动建档立卡农户 10348 人增收。

“兵支书”助推脱贫。近年来，普定县以建好“军地实践中心”为抓手，以培塑引领“兵支书”助力乡村振兴为目标，利用三大模式方法打造出了一大批脱贫攻坚优秀战士，强有力地助力乡村振兴。一是“1+N”传带模式。将退役军人在部队的优良传统和作风带到地方，服务基层发展。采取由一名现任优秀“兵支书”结对帮带本乡镇（街道）若干名培养成熟的“兵支书”后备人才，按照指路子、搭台子、压担子的要求，加强实践锻炼。依托“兵支书之家”，每季度组织一次优秀“兵支书”与退役军人面对面、联谊共建等活动，通过优秀“兵支书”手把手传、一线帮、现场带的形式，让“双百工程”退役军人学先进、赶先进，不断提升综合能力素质，源源不断为基层党组织输送有知识、能做事、敢担当的实用型人才。二是“村企集团”模式。成立普定县“兵支书之家”议事会，下设“一团两库五中心”，即村企集团，退役军人数据库、人才库，党建中心、预培中心、退役军人综合服务中心、农特产品配送中心、电商运营中心，充分发挥“兵智慧”、壮大“兵产业”、凝聚“兵力量”，采取“集团作战”合力攻坚模式，定期组织全县“兵支书”集中研究产业发展、基层党建、退役军人诉求等重大事项，集思广益、统一行动。三是“战斗班组”模式。按照部队战斗班组设置模式，把全县 124 名在岗“兵支书”编成战斗班组，集中力量对全县脱贫攻坚、疫情防控、产业结构调整、

乡村振兴、基层治理等重点难点工作进行合力攻坚。由县委组织部、县退役军人事务局具体统筹，统一调度、统一指挥，充分发挥“兵支书”战斗班组在急事难事面前“召之即来、来之能战、战之必胜”的军人风范，为推动中央、省、市、县各项决策部署在基层落细落实提供组织保障。由各村在岗“兵支书”牵头组织，把本村积极性高的退役军人重新编成战斗班组，每个人分别与一名在家党员协同配合，参与村里各项工作，负责政策宣传、环境整治、化解矛盾、土地流转、基础设施建设等工作，为基层社会治理注入新的活力。发挥“老兵议事会”等作用，持续化解退役军人矛盾纠纷，让退役军人成为社会和谐稳定的维护人。

“务工就业”助推脱贫。2020 年，普定县以“六保”“六稳”为主线，紧紧围绕决胜脱贫攻坚，积极应对新冠肺炎疫情对就业的冲击，以巩固脱贫攻坚为重点，采取有序组织劳务输出，就近就地到产业基地、复工复产企业就业等方式推进贫困劳动力就业。持续强化培训，筑牢技能培训基础；创新举措，深入开展“民营企业招聘周”送岗位下乡活动，开展线上招聘，打造就业扶贫新平台，加强东西部劳务扶贫协作，通过就业援助和公益性岗位安置就业，选聘建档立卡生态护林员，各项举措取得显著的成效。

◎ 旅游名品

穿洞古人类文化遗址。遗址位于普定县（城关镇）县城西边 5 公里处一座孤山上，是国家级文物保护单位。穿洞遗址延续的时间约为 8000 年，依已有碳 –14 年代测量数据，该遗址出现的时间最早约距今 16600 年，最晚为距今 8500 年。1979 年 5 月，贵州省博物馆曾对其进行过试掘，获得大量石器、骨器。1981 年 5 月，中国科学院和贵州省博物馆联合发掘，出土石器、骨器、动物化石和人类化石 2000 多件，其中有骨器 400 余件，制作精巧，形式多样，为其他地方所少见。穿洞遗址成为全国第一、世界罕见的出土磨制骨器最多的史前遗址。

天然植物公园。该公园为安顺地区仅存的原始森林，方圆 5 公里。因深秋时节遍山

红叶，远观似火，颇为壮观，故而得名。区内有冰前期活化石银杏树，大量国家级保护树种及贵州罕有的多种树种等，其主要游览景点有：丰林村、龟山、火焰山、枫溪、云山等处。

普屯坝高山草原风情旅游区。旅游区位于普定县城东北部猴场乡，为贵州山区地形中罕见的高山草原，普定海拔最高点，方圆 6.8 平方公里，颇具“天苍苍、野茫茫，风吹草低见牛羊”之势，一年四季景色各不同。主要游览项目有徒步攀登，野外露营，户外游览，观赏仙马苗族风情，倾听仙马苗族民间合唱团无伴奏多声部合唱。主要游览景

观有明代“抚按明文”摩崖石刻、后冲小石林、高原特色民居、杨家寨河谷风光、仙马苗族村寨等。

夜郎湖风景名胜区。名胜区位于安顺以北 20 公里普定县境内。景区由夜郎湖、火焰山原始植被保护区、国家重点文物保护单位穿洞古人类遗址、莲花古洞等景点构成。中心景区夜郎湖，湖区全长 42 公里，山映碧水，水抱群山，构成上百个半岛、岛屿和湖湾。两岸高山对峙，形成高原“三峡”，湖湾伸进散落村寨，炊烟袅袅，草坡数里连绵，芦花遍野。清风徐来，水波不兴，置身于湖光山色间，令人心旷神怡。夜郎湖区属古夜郎国，千古之谜的夜郎文化，使其更具神迷色彩。当地资源创意设计也处处体现夜郎文化内蕴，形成一块以夜郎文化为品牌，集休闲、度假、水上游乐活动及旅游观光为一体的风景名胜区。

黔山秀水景区。景区地处普定县玉秀街道秀水村，系贵州兴伟集团帮扶创建，是普定县委、县政府 2015 年重点打造的项目之一，是普定县“省级 100 个旅游景区建设项目”的重要建设节点之一，也是“十三五”期间贵州省重大旅游项目。景区距安顺市 20 分钟车程，距黄果树、龙宫两个国家 AAAAA 级景区均在 40 分钟车程以内，双向六车道的波普大道直接连通景区，交通便捷、区位优越。景区内主要有秀水商业街、垂钓池、

漂流、水上乐园、赛车场、跑马场、高端养生度假区等 50 多个景点及农业产业、农家休闲产业。

◎ 名优特产

白旗韭黄。白旗韭黄为地理标志保护产品，普定县深化农业产业结构优化升级，发展韭黄种植面积 10.03 万亩，成为助力脱贫攻坚、助农稳定增收的有力抓手，打造了全国最大的韭黄种植、销售基地、“中国韭黄第一县”，闯出了一条“种得活、卖得脱、划得着”的产业发展新路，解决了 2 万余人就业，带动 13000 余户贫困户实现人均增收 3000 元以上。韭黄含有丰富的蛋白质、糖、矿物质、维生素，以及甙类和苦味质等，具有驱寒散瘀，增强体力的作用，并能增进食欲。

朵贝茶。朵贝茶是贵州历史名茶，产于化处镇朵贝片区海拔 1100~1300 米的煤山上。远在明洪武年间，朵贝贡茶即已闻名遐迩，据《安顺府志》记载：朵贝贡茶于明朝崇祯年间曾多次进贡。1958 年，朵贝贡茶作为地方特产，选送北京参加全国农展，得到好评。1960 年 11 月，周恩来总理访印回国途经贵阳，普定县人民委员会代表全县人民向总理敬献朵贝贡茶，总理赞其“色清味甘，芳香浓郁”。2009 年，朵贝茶又获“中茶杯”金奖，并代表安顺参加第十一届香港国际茶展，被列为人民大会堂指定用茶。

肉兔。普定县冬暖夏凉，气候条件非常适合兔子生长。经过多次调研，多方论证，2018 年以来，普定县将肉兔产业作为全县主导产业之一，加大招商引资力度，通过技术培训、技术合作、销售渠道建立，普定县肉兔产业实现了从零到有、从小到大的蜕变，小兔子已成为脱贫致富的大产业。如今，普定县已发展成为全省存栏种兔最多和出栏商品兔最多的县，已建设成为全省肉兔养殖产业示范基地。

金刺梨。金刺梨又名“金果”，此名不仅能形象描述金刺梨成熟后颜色金黄的性状，更寄托了金刺梨成为普定县产业发展、人民致富“金果”的美好愿望。金刺梨作为安顺市独有的野生资源，以其显著的生态、经济和社会效益，日渐成为普定县产业发展的新亮点。普定县已开发出金刺梨系列果汁、果酒、饮料、果脯和果酱几类产品，其中刺梨汁是销售量最高的。金刺梨为蔷薇科植物，富含 SOD 酶、叶酸、β 胡萝卜素、维生素 C、还原糖、多种矿物质和多种人体必需的氨基酸，从而被誉为“天然维生素的宝库”。

◎ 重点企业

普定全成电子有限公司

该公司成立于 2017 年，是一家专业研发、生产、销售手机耳机、MP3 耳机、蓝牙、降噪耳机的企业。该公司用工总人数 500 余人，均为本地村民（居民），其中建档立卡贫困户人数 80 余人，员工月均工资为 3000~5000 元。

贵州博大包装公司

该公司成立于 2014 年 3 月，主要从事塑料制品（以编织袋为主）和纸包装的生产、销售及贸易，生产规模达到年产 9 亿条编织袋。公司拥有研发、设计、拉丝、编织、彩印、复合、制袋、检测一条龙的编织袋生产体系，通过了 ISO9001:2008 质量管理体系认证，拥有塑编行业专利 12 个，多个水泥包装袋生产工艺环节均属全国首创。

贵州萨伽乐器有限公司

该公司是 2018 年招商引资企业，入住普定经济开发区智慧产业园区内。公司投资建设的年产 20 万把吉他生产项目，总投资 1.8 亿元，占地 10 亩，总建筑面积为 2.5 万平方米，建设有中高端吉他生产线和手工顶级生产线。公司中高端吉他生产线于 2019 年 8 月建成投产，目前就业人数 90 余人。

春归保健科技有限公司

该公司于 2017 年 3 月成立，是贵州省科技型企业、安顺市市级林业龙头企业、安顺市农业产业化经营重点龙头企业。公司业务集中在贵州刺梨纯汁的保鲜加工和相关医学研究，在全国高档功能性保健饮料市场上占据一定份额。公司主要通过向合作社、村级公司、种植大户等收购鲜果，涉及普定县马官镇、化处镇、白岩镇、坪上镇、补郎乡等乡镇 40 余户种植大户 3000 余亩基地，收购范围同时覆盖西秀区大坝村、蔡关、刘官等区域近 100 余个农业种植基地。

青河县 · 新疆

热情好客的哈萨克族人，珍贵的草原石人、古栈道、三道海子巨石堆、古墓群与鹿石岩画、壮观奇险的地震断裂带、“天外来客”集落陨石、熊猫山等自然景观，这些都在青河县，我们热情欢迎您来观光旅游。

——青河县委书记　简庭卫

神秘而广阔的新疆大草原

背上包，开始一场说走就走的旅行，到一个陌生的地方，放松紧张压抑的心灵，那就来青河吧！这里有广阔的新疆大草原，有神秘的“天外来客”陨石自然景观，有热情好客的哈萨克民族……美丽、浪漫、愉悦，同时不乏现代都市的享受，你来了，就会舍不得离开。

◎ 青河印象

既然想来青河看看，不妨先了解一下青河。青河县地处准噶尔盆地东北边缘，阿尔泰山东南麓，西邻富蕴县，南连昌吉州奇台县，东北同蒙古国接壤，总面积 1.57 万平方公里，边境线长 259.4 公里。全县辖 3 乡 5 镇共 51 个行政村，总人口 6.73 万人，由汉族、哈萨克族、蒙古族、回族、维吾尔族等 16 个民族组成，其中哈萨克族占 76.47%，汉族占 18.27%，其他少数民族占 5.26%。2009 年 5 月，被评为全国民族团结模范集体。

青河县历史悠久、文化底蕴丰厚，生态环境优越、资源富集，是中国阿肯之乡、绒

山羊之乡、新疆最大的“大果沙棘种植基地”。境内拥有新疆卡拉麦里山有蹄类野生动物自然保护区，阿尔泰山两河源自然保护区以及全国唯一的布尔根河狸国家级自然保护区。五条河流横贯境内，年径流量 10.7 亿立方米，被国务院定为阿尔泰山地森林草原生态功能区，全年空气质量均达国家一级标准。境内有珍贵的草原石人、古栈道、三道海子巨石堆、古墓群与鹿石岩画、壮观奇险的地震断裂带、“天外来客”集落陨石、熊猫山等自然景观；全县有耕地 27.83 万亩，可利用草场 1625 万亩，是全地区重要的粮食生产县。拥有新疆常年对蒙开放的国家一类口岸——塔克什肯口岸，是新疆对蒙开放的口岸中设施最完善、交通最便利、贸易最繁荣的陆路口岸，是“中蒙俄”经济走廊西通道的重要节点，年利用境外资源已超百万吨级。

◎ 吐尔得别克 · 胡斯曼的幸福生活

曾经的青河县估计您可能不愿意来，因为这里虽然山美水美，但是经济的落后，让人望而却步。青河县位于我国西部地区，相对于经济发达的东部，青河县的经济水平稍显落后。近年来，在党中央大力扶贫攻坚的政策下，青河县发生了翻天覆地的变化。曾经的国家扶贫开发工作重点县，经过各族干部群众的不懈努力，已于 2016 年实现脱贫摘帽，广大农牧民过上了富裕的新生活。

漂亮的新房，整齐的树木，生活区的蔬菜大棚里菜苗生机盎然，养殖区里的牛和羊在安静地吃着草料，孩子在院子里玩耍……这是青河县查干郭勒乡萨尔布拉克村吐尔得别克·胡斯曼的家。这样一幅景象，和我们想象中的一个贫困户家庭完全不同，然而这却是青河县一个建档立卡贫困户的现实生活。

“感谢党和国家给了我这么多的好政策，我要靠自己的双手过上更加幸福的生活。”吐尔得别克说。身为“90 后”的吐尔得别克因父母过世早，且没有生产资料，成了贫困户，在享受到安居富民政策后，他通过自己的努力成了一名护边员，还学会了电焊的手艺，他的爱人一边带孩子一边参加生产劳动。为了推动他们家早日脱贫，政府扶持他们养殖了 14 只羊，现在已经发展到了 20 多只。此外，他们还学会了种植蔬菜。曾经极度贫困的夫妻俩如今过上了好日子。

吐尔得别克·胡斯曼只是青河县贫困户中的一个代表。为确保 2020 年全面打赢脱贫攻坚战，青河县坚持扶贫、扶志和扶智相结合，在实施各项惠民政策的同时，通过开展“一户一策”帮助贫困户制订发展规划，开展技能培训、典型引领带动、输血与造血并举，实现了全面脱贫致富。

◎ 多措并举脱贫奔小康

青河县有 3128 户 11438 人的贫困人口，如今都已实现脱贫。完成这个任务，真的不轻松，但是，青河县做到了。青河县全面贯彻落实党中央、自治区党委和地委关于打赢脱贫攻坚战的各项决策部署，以建设小康社会为依托，把实现贫困人口“两不愁三保障”作为脱贫攻坚核心工作，精准发力，大力推进巩固提升，基本公共服务主要领域指标已接近全国平均水平。

贫困的原因是多样的，要彻底解决贫困，就必须对症下药、精准施策。青河县建立了全县低收入群体动态信息数据台账，按照“一户一策”的要求，由帮扶干部牵头，制定有针对性、切实可行的年度发展方案，同时利用现代科技，推广使用手机 App 大数据平台，精准掌握贫困户信息，进一步压实责任，督促帮扶干部及时走访，切实帮助贫困户解决实际困难。通过多措并举，终于啃掉了贫穷这块硬骨头。

提升健康促脱贫。青河县因常年干旱、寒冷而出名，因贫穷而出名，如今又以巨变而出名。在以前，老百姓往往是“小病基本靠扛，大病基本靠拖”，青河县大部分农村处于赤脚医疗时代，用的是老三件医疗设备（听诊器、血压计、体温表），医生诊疗条件差，缺乏对疑难重症病例的诊疗能力，常常使患者难以得到及时有效的诊治。

随着医疗卫生体制改革不断深化，青河县新人民医院正式落成，青河县医疗条件焕然一新，同时积极开展新技术、新项目，不断加大设备投入，提高综合服务水平。门诊量从过去的年几千人次达到现在的几万人次。

伴随着“健康扶贫”理念的提出，青河县 2018 年 5 月正式实施“先诊疗后付费”和一站式结算服务制度，把看不起病转变到先看病后结算。县域内所有医疗机构即县人民医院、县妇幼保健院及全县 8 个乡镇卫生院等，都被设为定点医疗机构，针对县域内农村户籍人口住院，不收取其入院预付金，先进行诊疗，出院后再结算所有费用。

为不让“病根”变“穷根”，青河县连续四年开展全民健康体检，基本实现户籍人口全覆盖。全县还推进县域医疗服务协同发展和集成应用，推广家庭医生签约服务，让广大居民群众不论身在何处，都能享受到家庭医生的服务，使家庭医生真正成为居民健康的“守护人”。借助“互联网 + 大专家 + 云平台”技术优势，使优质医疗资源下沉，避免了患者长途奔波，实现了“基层检查、上级诊断”的模式，结合诊疗服务，实现“小病不出乡，大病不出县”的目标，解决基层医院医疗资源匮乏的困难。

发展产业促脱贫。制定了《青河县 2018—2020 年产业发展三年规划》，抓好种植业、养殖业、农产品加工业、乡村旅游业、电子商务等项目建设，明确了农牧业作为产业发展的主导方向，实施三十二项强农惠农政策，激活了产业发展动力。针对基础设施不完善的实际，整合扶贫资金建设，完善农牧业基础设施建设，提高农牧民生产发展水平，促进农牧业生产增效、农牧民增收，带动贫困群众增加收入脱贫，有力改善了农牧民生产生活条件。先后引进多家涉农企业，为贫困群众就近就地就业和长期稳定就业增收提供了岗位，基本形成了“农户种植（养殖）+ 企业精深加工 + 批量出售”的农业产业链。青河县有着发展特色养殖业的自然条件，于是政府鼓励支持发展马、驼、驴特色养殖业，扶持相关产业在阿格达拉建成特色奶粉生产工厂。同时，在各乡（镇）建设鲜奶收购站，解决鲜奶销售问题。鼓励养殖专业户通过购买、代养、租赁等方式集中养殖马驼，目前已培育出众多马驼养殖大户。

政府还积极探索多种产业合作模式，带动农牧业的发展。引导贫困村、贫困户以耕地、草场、牲畜、家禽等资料入股到龙头企业、合作社、大户（能人）等经营主体，推进“资源变资产、资金变股金、农民变股东”为主的“三变”改革，实现合作共赢。与此同时，鼓励党政机关、企事业单位、党员干部等主动参与消费扶贫，有组织、有计划地消纳低收入贫困户有机农畜产品、特色果蔬和民族特色工艺品等，助力贫困户增收。

发展旅游促脱贫。青河县山美、水美、草原美，发展旅游产业是政府着力推动的重要脱贫举措。创新旅游消费理念，在重点景区和旅游沿线民宿打造、农家乐污水处理、旅游指示标识和通信等设备完善、三道海子景区提升改造、旅游厕所建设等方面下功夫，提升旅游品位。加大宣传推介，举办与体育、文化融合的冬季冰雪文化旅游节、年货展销会、葵花节、“千里画廊、百车自驾”等活动，进一步凝聚人气，带动当地群众增收。阿格达拉万亩葵花节、“千里画廊、百车自驾”主题旅游活动、强汗牧场非物质文化旅游活动已形成口碑品牌，吸引着全国各地的游客纷至沓来，而农牧民群众则把地毯、奶疙瘩等特色农产品销售给游客，实现双赢。近年来，青河县通过举办各类文化旅游活动，带动 2500 余名农牧民群众增收 500 余万元，其中贫困人口增收 100 余万元，增幅达 20%。

易地搬迁促脱贫。常言说“一方水土养一方人”，可是在青河县却存在着诸多“一方水土养活不了一方人”的问题。面对这种局面，政府果断决策，把易地扶贫搬迁作为重要脱贫途径。搬迁的前提是科学规划。结合贫困农牧民实际需求，围绕产业发展和城镇化定规划，确定了以阿魏灌区（现阿格达拉镇）集中安置点为主、县乡村合理布局的安置方式，向阿魏灌区安置 852 户，县、乡（镇）、村安置 373 户。规划好了，还要高标准高效率建设。在工期短、任务重的前提下，打破常规、特事特办，开辟绿色通道、简化办事程序和审批流程，整合各类资金 6.22 亿元，统筹安排安置点的水、电、路、气、房等基础设施建设，这样易地搬迁户从简陋的毡房、土坯房一步迈入水电路气暖、教育卫生等一应俱全的现代文明新型小城镇，享受着现代文明生活。2018 年 6 月，自治区批复同意阿魏灌区易地扶贫搬迁安置点建镇，阿格达拉新镇建设顺利完成。搬迁完成后，还要做好安置点后续保障工作。在保障搬迁户持续发展增收上下足“绣花功夫”，出台人均 1200 元搬迁费、取暖费减半三年、物业管理费补助等政策，激发搬迁动力，减轻搬迁经济压力。出台搬迁到阿魏灌区人均不足 10 亩地补足 10 亩地政策，解决搬迁后生产资料不足的问题。出台贫困劳动力免费培训政策，结合实际开展技术技能培训，使其成为种植能手、经商能人、产业工人，解决就业难的问题。通过招商引资引进多家涉农企业落地安置点，解决搬迁人口就业难的后顾之忧。全县通过易地搬迁，实现了 1225 户 4766 人（占全县贫困人口 41.7%）“搬得出、稳得住、能发展、可致富”的脱贫目标。

扶持创业促脱贫。扶持有能力的群众创业就业是促进脱贫的重要路径，而抓好技术技能培训又是实现创业的一个突破口。青河县组织整合各类培训资源，为贫困人口开展国家通用语言、种养殖、烹饪、挖掘机、铲车等实用技术技能培训，并对考取相关技能职业资格证件的贫困户给予补助，提高农牧民就业技能。为解决扶持创业就业，做好创业者的融资问题，政府一方面落实好扶贫小额信贷政策，另一方面成立县诚信投融资担保有限公司，设立 1000 万元担保基金，通过农村信用社 1 : 10 放大，对贫困户实施无担保无抵押贷款，发放小额信贷 1.53 亿元，帮助 2489 余户贫困户发展小微产业脱贫增收。发放 300 余万元创业担保贷款，帮助 300 余名贫困大中专生实现创业脱贫。有效利用互联网发展态势，积极推动电商脱贫。抓住青河县国家级电子商务进农村综合示范县的机遇，新建 46 座惠农电商服务站，农村群众享受到平价超市、快递收发、农资供应、电费话费缴纳、代买代卖、现金支取转账、客运招呼站、爱心捐助、信息查询与交换等便民服务，降低了生产生活成本。坚持线上线下同步推进，加强与苏宁、华凌、大唐丝路等电商合作，帮助贫困人员就业，帮助贫困户通过销售有机畜禽产品、民族工艺品等实现增收，打破了农特产品销售仅限于当地的瓶颈，受到广大农牧民的一致认可。“青河模式”正在向全新疆推广。为改变哈萨克族群众祖祖辈辈靠天养畜，不愿意离开牛羊的生产生活方式，政府还制定了“挣 1000 元奖 100 元”政策，鼓励引导农牧民加快牲畜托管和土地流转释放劳动力，转移到二、三产业就业，增加收入，为共 5500 名劳动力发放奖补资金近 500 万元，激发了贫困劳动力务工增收的积极性。同时，创造有利条件，支持更多贫困人员优先加入护边员、护林员、护草员和保洁员等公益性岗位，实现稳定就业增收。

激发动力促脱贫。扶贫也要扶志，激发广大困难群众战胜困难的决心和信心是扶贫工作的重要工作。为激发困难群众脱贫动力，政府统筹地、县结对帮扶力量，实现党员干部与贫困人口“结亲戚”全覆盖，开展“五帮一做”结对活动，即“帮路子、帮政策、帮解难、帮思想、帮算账、做朋友”。针对贫困户的不同致贫原因，制定科学合理的帮扶措施和脱贫计划，让贫困户切实感受到党和政府的关心和温暖，摒弃消极、悲观、畏难落后的思想，最大限度激发群众“愿脱贫、敢脱贫、能脱贫、会脱贫”的内生动力。同时，政府加大宣传扶贫政策，编制《青河县惠民利民政策汇编》发放给贫困户，并张贴“增收明白卡”和填写“农牧民扶贫手册”，让贫困人口懂政策、讲政策、用政策、用好政策。同时，通过农牧民夜校、国旗下宣讲、文艺下乡、冬季攻势培训、住户干部面对面宣讲等形式，大力宣讲党和政府的扶贫政策，开展感恩教育，引导贫困群众听党话、跟党走、感党恩，全面提升贫困户自主脱贫意识。榜样的力量是无穷的。为了增强困难群众脱贫的信心，政府通过媒体大力宣传脱贫典型人物事迹。每年在各乡（镇）选树脱贫典型人物、致富能手、能人大户等事迹，在青河县广播电视台、青河零距离公众平台和阿勒泰日报等主流媒体轮番进行宣传，分享成功创业经验，唱响“勤劳光荣，懒惰可耻”的主旋律，引导贫困人口牢固树立“只有勤劳才能改变，只要勤劳就能改变”的理念，激发想干事、敢干事的热情，并用典型人物的经验引导困难群众能干事、会干事。充分发挥乡村致富能手和能人大户的引领作用，实行“一传一、一帮多、一带片”帮带措施，帮助贫困人口创业增收。

除了上述举措，政府还全方位推动脱贫工作。在基础设施方面加大投入，结合国家乡村振兴战略，整合涉农资金 1.6 亿元，扎实提升 22 个贫困村人居环境、集中饮水、农牧业基础设施、网络通信质量等，着力实施一批打基础、管长远的好项目和民生实事，让贫困人口更多更好地共享改革发展成果。扶贫也要扶智，巩固提升教育扶贫非常重要。青河县动员社会各界力量，统筹各类资金，落实好教育补助政策，全面保障贫困家庭学生完成九年义务教育，坚决预防因贫辍学、因学返贫现象发生。全县义务教育阶段 2269 名贫困学生无一人辍学。

功夫不负有心人，政府的努力换来了丰硕的成果。如今的青河县早已脱贫摘帽，并被命名为新疆维吾尔自治区优秀平安县，全县各族群众正向小康社会稳步迈进。

◎ 大美青河欢迎您

大美青河山美水美，来到这里，很多地方值得看一看，其中有三处景点无论如何不能错过，因为这里不仅美丽，还有着神秘的草原文化特色。

三道海子旅游风景区。三道海子神秘草原文化风景区为国家级景区，地处阿尔泰山东段南坡亚高山草原带，位于青河县的查干郭勒乡北部海拔 2690 米的高山区域，由三个高山湖泊组成，从东南向西北依次是花海子、中海子和边海子，三个湖由高山泉水汇集而成，呈北西走向，大致与阿尔泰山走向平行，花海子与中海子的直线距离是 3.5 公里，中海子与边海子的直线距离为 7 公里，海子周围是高寒草原。哈萨克语称这里为“玉什库勒”，意思为三个湖。

每年 6—10 月是这里最美的季节，山花烂漫，碧草连天，湖水清澈，牧民歌舞蹁跹。作为“中亚草原文化发源地”，三道海子拥有具有考古研究价值的巨石堆、鹿石，还有文化挖掘价值的独目人文化、阿肯弹唱、卡拉角拉民俗舞蹈等，充满了异域风情。央视大型纪录片《探索与发现》《发现中国》曾先后深入三道海子进行拍摄，2001 年 7 月，三道海子巨石堆及鹿石被国务院批准为第五批全国重点文物保护单位，成为我国唯一一处既有鹿石、岩画，又有大型墓葬和祭祀坛的国家级文物保护单位。青河共发现鹿石 55 通，占到新疆鹿石总数的一半以上，而三道海子山谷中较大的石堆墓旁边都能见

到鹿石，达 33 通之多。鹿石是图腾崇拜的产物，还是部落的地望标记，专家学者众说不一，为三道海子增添了无穷的神秘感。

套查干郭勒湖。套查干郭勒湖地处海拔 2396 米的高山上，湖面长约 6 公里，最大宽度为 1 公里，积水面积约 6 平方公里，最深处 25 米，水质为淡水，每年 10 月至第二年 6 月为冰封期，是一个典型的冰蚀冰碛高山湖泊。这个湖四周群山环抱、峰峦叠嶂，山顶白雪皑皑、银光四射，湖水清澈如镜，塔松、碧波、蓝天、白云、溪流浑然一体，构成一幅美丽的山水画卷，富有诗情画意，身临其境有“人在画中游”的感觉。尤其是在月光朦胧之际，更能显出它的神秘幽奇。湖里有冷水鱼类和水禽，湖周围林区有多种珍奇的寒带动物和飞禽，有棕熊、马鹿、狼、狐狸、野山羊、旱獭、雪豹、野猪、雪鸡、金雕等，是集垂钓、猎奇赏景、休憩游玩、山地滑雪、避暑、疗养为一体的旅游胜地。距套查干郭勒湖大约 2 公里处还有一个小湖，湖水清澈见底，鱼类繁多，夏季山水相连，湖面野鸭、天鹅飘浮嬉戏，是水禽最佳栖息地。湖畔绿草如茵、松杉蔽日，花草树木映入湖中，天光水色相映成趣，美不胜收。在去套查干郭勒湖的沿途，白桦林层叠，松杨挺拔，河柳婀娜，草木繁茂，野花遍地，云雾缥缈，座座毡房点缀其中，暮色下，炊烟袅袅，牛羊成群，牧童追逐嬉戏，一派静谧和谐的田园风光。高山林区，风景自上而下各不相同，针阔林混交，构成多树种、多层次的优美森林环境，雨季瀑布迭起，景观神奇壮丽，是休闲避暑、体验民族风情的绝妙好去处。

青河山美水美，人更美。在青河县有一位平凡而伟大的母亲，她的名字叫阿尼帕·阿力马洪，在半个世纪的岁月中，她把 6 个弟妹抚养成人，又先后收养了汉、回、维吾尔、哈萨克 4 个民族的 10 个孤儿，组成了一个包含维吾尔族、汉族、回族、哈萨克族、塔塔尔族、乌孜别克族 6 个民族的大家庭。她以博大的慈母之心，创造了至真至纯的温暖之家，谱写了一曲民族团结、艰苦奋斗之歌，并被评为第三届全国道德模范。

在艰苦的岁月中，阿尼帕夫妇不仅要让孩子们能吃饱，还要让孩子们有学上。家里用不起电灯，阿尼帕就用破棉絮搓成条，做成小油灯。19 个孩子就在这一簇簇跳动的灯光下读书学习，上完了小学、中学，没有一个因为家里贫穷而辍学。有人问阿尼帕孩子们都是哪个民族的，老人说："在我家里，没有民族之分，手心手背都是肉，他们都是我的孩子，我们是一家人！"

2009 年，阿尼帕·阿力马洪被国务院授予全国民族团结进步模范个人荣誉称号，被评为新疆十大杰出母亲；2010 年，荣获中央电视台感动中国十大人物，入选中国文明网"中国好人榜"，入选《中国国家形象片——人物篇》并在国外展播，她的故事为众人所知。2012 年，新疆青河县当地政府在阿尼帕家原有宅基地上，建设了新疆首个以道德模

范事迹为主题的教育基地，基地由回国之路、投入母亲怀抱、爱的支撑、慈母春晖、爱的回放、光荣榜六个部分组成，讲述了阿尼帕和丈夫阿毕包以及所有孩子的故事。想领略这位伟大母亲的魅力，就来阿尼帕教育基地看看，这也是到青河必看的人文景点。

这就是青河县，一个美丽的新疆大草原，这里有奋斗的故事，有广袤的草原，同时又不乏现代化的都市气息。在党的十八届、十九届全会精神的指引下，青河县正稳步发展进入新时代，大美青河欢迎您的到来。

◎ 名优特产

沙棘果。沙棘以其显著的生态、经济和社会效益，日渐成为青河县产业发展的新亮点。目前，挂果林地面积 10 万亩，以俄罗斯大果沙棘为主。青河县已开发出沙棘系列产品 3 大类 30 余种产品。其中，沙棘果汁饮料位列京东平台沙棘饮料销售第二名。

沙棘果，又名醋柳果、酸刺果，是目前世界上含有天然维生素种类最多的珍贵经济林树种之一，其维生素 C 含量远高于鲜枣和猕猴桃，被誉为“天然维生素的宝库”。

沙棘还具有很高的药用价值。《中药大字典》记载，沙棘具有活血散瘀、化痰宽胸、补脾健胃、生津止渴、清热止泻之效，同时对多种疾病都有一定的治疗作用。沙棘果中包含 β-胡萝卜素、不饱和脂肪酸、氨基酸、黄酮类、维生素、微量元素等，能够降低人体内胆固醇，合理预防动脉粥样硬化。沙棘果实中蕴含的超氧化物歧化酶（SOD），可以有效清除人体内自由基，提高人体免疫力，对人体的免疫活性细胞进行调节，有助于延缓人体衰老。

绒山羊。绒山羊是我国一种独特的生物资源，是经过长期自然选择和人工选育而成的世界上产绒量最高、绒纤维品质最好的品种。其主要产品——山羊绒，细而柔软，颜色洁白如玉，光泽明亮，手感光滑细腻。其纺织品集薄、轻、暖、舒适、高雅于一体，因被美誉为“纤维宝石”和“软黄金”而畅销全球。

为推进绒山羊产业的发展，青河县专门成立了绒山羊繁育中心，组成专业的绒山羊培育技术组开展培育工作，并聘请知名养殖专家进行指导、选育。目前，绒山羊标准化示范县建设项目已顺利通过国家农业部验收，并通过新疆维吾尔自治区新品种绒山羊的扩繁和养殖科技推广项目验收。

◎ 招商项目

光伏扶贫电站项目。青河县光伏扶贫电站项目位于青河县阿格达拉镇以北 10 公里处，项目总投资 4297.9 万元（扶贫及涉农整合资金）。该项目选址电场场址高程约 1063~1102 米，本期工程规划安装 27880 块 310Wp 单晶硅电池组件，

安装容量 8642.8KWp，含 2 个村级分布式光伏电站系统。项目实施后，22 个贫困村受益。

阿格达拉易地搬迁项目。按照脱贫攻坚总体要求，青河县将阿魏灌区作为全县易地扶贫搬迁、生态移民、牧民定居的主阵地。2018 年 6 月，自治区批准阿格达拉建镇。镇政府驻地位于青河县中部的阿魏戈壁上，距县城 63 公里，辖区面积 381 平方公里，南北长 35 公里，东西宽 12 公里。阿格达拉镇镇区规划面积 4 平方公里，下辖新牧社区、和平社区、创业社区和阿格达拉村，现有居民 1138 户 4528 人，主要由哈萨克族、回族、蒙古族、维吾尔族、塔塔尔族、汉族组成，其中哈萨克族占总人口的 98.57%。

目前，镇区水电气暖、教育医疗卫生等重点公共服务和基础设施已配套到位。阿格达拉镇规划开发人工饲草料地 25 万亩，全部采用节水灌溉方式种植，截至 2018 年底，已完成土地开发 12.4 万亩。2016 年以来创建自治区级农业科技示范园区工作有序展开，已开始申报创建国家级农业科技示范园区，已落地投资 1000 万元以上涉农企业 13 家。2018 年，全镇农牧业生产总值达到 2.1 亿元。

◎ 重点企业

新疆慧华沙棘生物科技有限公司

该公司成立于 2012 年，占地面积 2.48 万平方米，厂房建筑面积 1.1 万平方米，是新疆维吾尔自治区农业产业化重点龙头企业，自治区扶贫龙头企业，自治区林业龙头企业。公司申请注册了“三道海子”和“慧华圣果”商标，专注于沙棘系列产品的研究开发和基地种

植建设。现已开发出 3 大类 50 余种沙棘系列产品，年生产加工能力达 5000 多吨，该系列产品多次被评为金奖产品，产品销售市场宽广，中高端产品主要销往乌鲁木齐，在北京、上海、广州等大中城市均有销售。

2019—2020 年计划投资 2000 万元，在青河县阿格达拉镇建设 5000 亩沙棘示范基地，改良农牧民沙棘地 3000 亩，新增原汁浓缩生产线、500 吨隧道式超低温速冻库，年加工能力达到 15000 吨，销售收入 6000 万元，利税 1500 万元。通过农牧民沙棘种植管理、采摘、运输包装制造等下游产业链发展，季节性带动农牧民和制造运输业数千人再就业，人均增收 800 元，社会效益明显。该企业始终不忘以产业回报社会，持续资助当地贫困农牧民，为稳边富农、促进县域经济发展起到积极推动作用。

青河县梦圆生物科技有限公司

该公司自有专利 11 个，注册有“青裕林”“驴奶先生”“疆梦圈”等商标，现已开发出驴奶、马奶、驼奶三大类系列产品，正在研究开发的产品有驴奶皂、驴肉干、驴奶酒、驴奶面膜、驴孕血、金驴三宝等。该公司已拥有日处理 5 吨鲜驴奶生产线以及年产 500 吨的超高压液态奶生产线。2018 年，销售鲜驴奶 8 吨，生产驴奶粉 1 吨，实现产值 310 万元。

2016 年，该公司积极参与脱贫攻坚工作，已连续 3 年为全县 84 户贫困户分红，累计分红 189 万元。2019 年，护梦圆生物科技有限公司又与阿格达拉镇人民政府签订合同，拓展“公司 + 支部 + 农户”经营模式，将公司的奶驴委托给阿格达拉镇的贫困户饲养，饲草料由农户承担，公司按照 30 元 / 公斤的价格收购鲜驴奶，实现了公司经营有效益，农牧民养殖能增收。通过几年的发展，该公司已经惠及带动周边养殖户 480 户，在带动贫困群众转变生产方式，促进贫困户增收方面发挥了积极推动作用。

鄞州区 · 浙江

鄞州，是一座具有 2200 多年历史底蕴的文明古邑，是一片美丽富饶的神奇土地，拥江、揽湖、滨海，沃野千里，犹如镶嵌在东海之滨的一颗璀璨明珠。当历史的滚滚车轮踏入 21 世纪 20 年代，鄞州，正向世界张开双臂，以崭新的姿态迎接新时代的到来！

——鄞州区委书记　褚银良

文明古邑展新姿

鄞州，是一座具有2200多年历史底蕴的文明古邑，是一片美丽富饶的神奇土地，拥江、揽湖、滨海，沃野千里，犹如镶嵌在东海之滨的一颗璀璨明珠。这里自古百工兴旺、人文荟萃，在历史的车轮驶到新时代的今天，鄞州正以蓬勃的生机和崭新的姿态拥抱着世界。

◎ 鄞州印象

鄞州区地处长江三角洲南翼、浙江省东部沿海，位于宁波市区南端，面积 817.1 平方公里，户籍人口 90 余万人。鄞州区东北紧邻北仑、镇海，东南与象山、奉化连接，西面与海曙、江北隔江对望，区内资源禀赋丰富，空间形态多样，既有繁华城区，又有美丽乡村，既有江河湖海，又有山林田园。

鄞州区原为鄞县，具有千年悠久历史。早在新石器时代的母系氏族公社时期，境内就有原始人类居住。约在原始社会末期，至迟在夏朝初，“鄞”已成为确定的地名。秦

灭楚后，于公元前 222 年置鄞、鄮、句章三县。隋初三县合一，总称句章县。唐时改为鄮县。五代初改为鄞县。直至 2002 年 2 月，国务院批准撤销鄞县，设立为宁波市鄞州区。

鄞州区人文荟萃，唐代诗人贺知章，北宋政治家王安石，南宋词人吴文英、学者王应麟，南明台湾文献初祖沈光文，清代史学家万斯同、全祖望都在这里留下了历史遗迹。近代著名地质学家翁文灏，生物学家童第周，著名油画家沙耆，世界著名大提琴家马友友，书法家沙孟海，金石书画家朱复戡，篆刻家高式熊，昆虫学家周尧，表演艺术家王丹凤、金采风都是鄞州的骄傲。

鄞州区拥有丰富的人文自然景观，境内有东钱湖省级风景名胜区，有十大著名胜景。鄞东太白山麓的天童寺是“中华禅宗五山”之第二山，自唐以来一直是中日文化交流的重要场所，现为日本曹洞宗、临济宗祖庭。与天童寺隔山相邻的阿育王寺是“中华禅宗五山”之一，寺内珍藏佛祖舍利宝塔。与天童寺相连的天童森林公园以“森林、奇石、云海”著称，是中国最早命名的三大国家级森林公园之一。天童寺、阿育王寺、七塔寺以及庆安会馆等历史地标，注释了鄞州区作为“一带一路”活化石的丰盈底蕴。

鄞州区，是改革开放的弄潮儿，一代代鄞州区人砥砺前行、创造传奇。鄞州区自古以来便有创新务实、从事商贸的传统，形成了“敢为、求实、争先”的鄞州区精神和“开放、多元、创新、诚信”的海商文化传统。鄞州区是中国古代“海上丝绸之路”的重要起点，也是宁波近现代民族工业的发轫地，还是改革开放初期乡镇企业和民营经济的主要发祥地、全国乡镇集体企业转制的领跑者。在改革开放的浪潮中，鄞州区抢抓乡镇企业发展改制、撤县设区等历史机遇，全区发展基础、产业结构、空间格局发生了重大而深远的变化，实现了从农业大县到经济强区、从有县无城到都市核心、从基本温饱到全面小康的华丽蝶变，综合实力连续五年位居“全国百强区”。

如今的鄞州区，作为宁波市的政治中心、经济中心和科教中心，坐拥东部新城、南部新城，功能平台特色明显，楼宇经济、总部经济发展全市领先。涌现了奥克斯、杉杉等龙头企业，成为长三角南翼经济中心、国际港口名城宁波的“核中之核”，是一座蓬勃发展的都市新城，有着前所未有的发展潜能与腾飞机会。

近年来，鄞州区坚持以习近平新时代中国特色社会主义思想为指导，深刻领悟习近平总书记对浙江、对宁波和来鄞州区调研时的重要指示精神，全面贯彻省委“八八战略”再深化、改革开放再出发和市委“六争攻坚、三年攀高”战略部署，区委十四届六次全会提出“二次创业”再出发，“两高四好”勇攀高，即推进高质量发展、建设高品质强区，打造政治生态好、经济生态好、社会生态好、自然生态好的全国示范区，为高水平全面建成小康社会指明了方向。站在“二次创业”新起点，踏上“两高四好”新征程，鄞州区的经济实力进一步壮大，城市功能进一步增强，城市品质进一步提升，民生福祉进一步改善，为未来发展奠定了坚实的基础。2019 年，鄞州区首次入选中国最具幸福感城市（县级），获评全国科技创新百强区第一名、绿色发展百强区第三名、投资潜力百强区第四名、新型城镇化质量百强区第五名，以及全国首批乡村治理体系建设试点示范区、全国农村创新创业典型区等称号。

◎ 双轮驱动 高质量发展

经过多年的发展和努力，鄞州区在宁波市的都市核心区地位初步确立。2019 年，实现地区生产总值 2211 亿元，增长 7%，鄞州区也成为宁波市第一个迈上“2000 亿元俱乐部”的区（县）市。完成财政总收入 453.4 亿元，增长 4%；一般公共预算收入 269.3 亿元，增长 6.5%；全区居民人均可支配收入 63386 元，增长 8.8%。其中，城镇常住居民人均可支配收入 70074 元，增长 8.0%；农村常住居民人均可支配收入 39953 元，增

长 9.2%。城镇和农村居民人均可支配收入总量均位居宁波市首位。金融机构本外币存贷款余额达到 7600.2 亿元和 9817.4 亿元，分别增长 11.2% 和 18%。

从产业方面看，第一产业增加值 26.5 亿元，增长 1.7%；第二产业增加值 630.1 亿元，增长 6.0%；第三产业增加值 1554.4 亿元，增长 7.5%，三次产业结构为 1.2：28.5：70.3。该区已形成高端制造业、现代服务业双轮驱动的发展格局。制造业提档升级，汽车零部件、纺织服装等传统产业优势提升，新材料、高端装备等战略性新兴产业加快发展，在浙江全省工业强县（市、区）综合评价中位居第二。金融、航运、会展等行业在宁波市确立龙头地位，商贸、文创、信息服务等行业优势明显，成为浙江省首批服务业强县（市、区）试点。

重点领域改革深入推进，创新型试点城区测评、“两化融合”发展水平在浙江省排行第二。政府自身改革取得实效，土地资源市场化配置、审批服务等改革成为省市试点，荣获省级“三资”管理示范区。创新活力不断增强，国家级高新技术企业居宁波市第一，建成浙江省首个省级人力资源产业园。开放型经济稳步发展，招大引强成效明显，外贸出口产品、结构、市场日益优化，成为浙江省唯一入选国家“双创”示范基地的县区。2019 年 5 月，鄞州区受到国务院通报表扬，入列成效明显的区域“双创”示范基地名单，真正成为全国“双创”优等生。

◎ 城乡蝶变 高品质强区

全面启动“六大新空间”开发。实施空间大拓展行动，着力开发甬江“时尚”东外滩、中部“科产城”融合带、城南“智创”大走廊、姜山现代化“田园城市”、环东钱湖“绿色创新”圈和滨海“山海产城”融合示范区。深化与东部新城、东钱湖、高新区协同发展，谋划推进以宁波国际会议中心、宁波国际展览中心和云龙综合交通枢纽为布局的“两中心一枢纽”建设。东部新城年度投资超过 160 亿元，生态走廊绿道入选“浙江最美绿道”，宁波宝龙广场建成开业，南部商务区月光经济综合体、水环境提升等工程启动实施。横溪农旅小镇一期等项目开工建设，长丰—宁丰区块项目基本落地，五乡轨道合作开发区块签订框架协议，滨海“山海产城”融合示范区形成概念性规划，姜山“田园城市”卫星城、城南“智创”大走廊建设扎实推进。

有序推进基础设施建设。象山湾疏港高速昆亭至塘溪段开工建设，鄞城大道全线通车，轨道 3 号线一期、宁奉城际铁路首通段投入运营，创建美丽经济交通走廊 96.3 公里；庙堰碶泵站、鄞东南排涝闸、奉化江东岸绿化等项目基本建成，九曲河整治（城区段）完成主体工程；32 个小区中高层住宅完成二次供水改造，农饮水达标提标工程受益人口突破 2 万人；光缆总长度达到 391.6 万芯公里，城域出口带宽达到 460G ；新建改建城乡公厕 279 座、旅游公厕 20 座。

注重提升城市文化品质。鄞州素有“义乡”美誉，义庄、义塾、义诊所随处可见，义士、义举、义故事口耳相传。从南宋史浩等人建立义庄义田，到民国银行家、慈善家严康楙为宁波几个地标建筑的改建、筹建奔走呼吁，千百年来，慈风义俗在鄞州延绵不绝。近年来，鄞州区开展淳朴民风全面塑造工作，连续举办“最美鄞州人”评选活动 13 届，涌现了全国道德模范俞复玲和周秀芳、“造桥女孩”严意娜、“念恩大妈”徐兰芳、“一心为民村干部”蔡康国等先进典型，不断擦亮“义乡鄞州”品牌，成为浙江省新时代文明实践中心建设试点区、浙江首个国家公共文化服务体系建设示范区。全区志愿者注册人数 21 万余人，有志愿服务品牌百余个，“支教奶奶”周秀芳获评全国“最美志愿者”。成立文化艺术发展委员会，连续 11 年蝉联浙江省公共文化服务综合评估第一。深入推进文旅融合、文体融合，获评最美中国文化旅游区、国际划联“龙舟事业突出贡献

奖”，宁波科学探索中心成为国家 AAAA 级旅游景区，鄞州区运动员在宁波市首届全民运动会上获得金牌总数、团体总分“双第一”。

◎ 担当有为 政治风清气正

鄞州区牢固确立“立党为公、执政为民”理念，以政治清明、政府清廉、干部清正为目标，全面增强政治引领力。

在支部建设上，鄞州区坚持把下抓一级与上管一级结合起来。区委下抓一级到村社，每季度召开村社书记交流会，开展村社治理竞技赛；镇街下抓一级到网格，抓到“里弄长”“河埠长”，层层压紧压实党建责任。同时，推行村社干部备案上管一级到区委，实行村书记队伍区级备案管理和联查联审，在浙江率先建立村书记“廉效激励金”制度，涌现了湾底等全国先进基层党组织。在队伍建设上，鄞州区把机关年轻干部派到攻坚破难村、软弱后进村，全日制、全脱产担任第一书记，重点做好抓班子、抓项目、抓生态、抓实事等六项工作，已派出第一书记 105 名，其中 37 名得到提拔重用；实施基层墩苗磨砺，开展年轻干部交流，一线精准培育识别选用干部办法受到中组部肯定。

提高行政效能，优化营商环境。深化“最多跑一次”改革，创新推出公民和企业全生命周期“一件事”“周二夜市”“审批掌柜”“局长坐班”等措施。全面落实减税降费等政策，为企业减负超过 40 亿元。“互联网 + 监管”平台实现执法人员全覆盖，政务服务事项 99% 实现掌上办，“跑零次”事项超过 97%，即办件超过 80%，民生事项“一证通办”达到 100%，在宁波市率先推出政务服务“好差评”体系，政府数字化转型工作评估位列宁波市第一。推行“开工联合审批、竣工联合验收”，一般工业项目报建审批、竣工验收均缩短到 10 个工作日内完成。推广企业开办全程网上办、一日结，实施住所登记申报承诺制，市场主体达 14.9 万户。

加强政府建设，提高治理能力。深入开展“三进三访”“五夜六送”“三服务”活动服务事项总数达到 19372 个，协调解决问题 22307 个，均居宁波市第一；全面实施“两强三提高”建设行动计划，开展“二次创业再攀高”解放思想大讨论活动，实施“六赛六比”“三亮三考”“五聚焦五整治”和“电视问政”“问计基层”等措施；积极践行“基层减负年”要求，基层“七多”现象有效减少；加强法治政府、清廉政府建设，自觉接受人大法律监督、政协民主监督和监察监督、审计监督，积极参与人大、政协活动，579 件建议提案按期办复。开展重大行政决策事项第三方评估，政务公开指数评估浙江省第一。

◎ 激发活力 经济健康发展

鄞州区牢固确立“经济转型、质量为上”的理念，以增长中高速、质量中高端、能级中高档为目标，全面增强区域经济核心竞争力。

以数字经济引领产业提升，深入实施数字经济“一号工程”，数字经济占 GDP 比重提高到 48%。谋划“154”千百亿级产业集群发展，软件信息企业达 1600 余家，2019 年，全区实现工业增加值 502.5 亿元，增长 7.8%，其中规上工业增加值 358.9 亿元，增长 6.4%。高新技术产业、战略性新兴产业占规上工业增加值比重分别为 67.5%、33.8%，入围浙江省制造业高质量发展示范区创建名单，“两化融合”水平连续五年居宁波市第一。积极应对中美经贸摩擦，出台促进外贸稳定增长八条意见，谋划“254”外贸攻坚倍增提质行动，进出口总额达到 2128 亿元，增长 6%，其中货物出口 1450 亿元，增长

4.5%；跨境电商出口额达到29.5亿美元，居宁波市第一。实施放心消费行动，实现批发零售业销售额、社会消费品零售额、网络零售额7003.8亿元、948.2亿元和485亿元，分别增长12.6%、8.4%和19.5%，成为浙江省批发零售业改造提升成效明显区。金融业实现增加值220亿元，增长15%，航运会展、文化创意、专业服务等产业继续在宁波市领跑。以亩均考评助推效益增长，全面摸清工业用地总量分布，开展低效企业提升达标专项行动，规模及以上工业企业亩均产值增加值达到157.6万元，61家鄞企上榜宁波市制造业“亩产英雄500强”，2家鄞企入选浙江省首批服务业“亩产效益”领跑者名单。创建国家级人力资源产业园、汽车零部件外贸转型升级基地，四明金融小镇被命名为省级特色小镇，鄞州工业园区、经济开发区、投资创业中心、宁波中车基地等平台产出加快，和丰创意广场等20家园区被认定为省级小微企业园，大学生（青年）创业园被评为“国家中小企业公共服务示范平台”。

以投资引资夯实发展后劲，120个区级重大实施类项目完成投资281.4亿元，3个省、市、区长项目开工建设，新增政府专项债券及再融资债券19亿元。开展“3+8+5”招商工作，引进总投资50亿元以上项目6个、10亿元以上项目17个，实到外资4.1亿美元，位列宁波市第二位，引进内资149.3亿元、浙商回归资金155亿元，均居宁波市第一。

以自主创新支撑动能转换。投入47亿元研究与试验发展经费，同比增长18%，新增发明专利授权量1580件，居宁波市首位，航运交易服务、社区便民服务成为国家级标准化试点。高新技术企业达到350家，其中2家入选浙江省高新技术企业创新能力百强。完善人才政策体系，人才净流入率宁波市第一，甬江人才创新中心一期开园，挂牌浙江创新中心。

◎ 全域善治 社会和谐稳定

牢固确立“美好生活、民生为本”的理念，以最具获得感、最具幸福感、最具安全感为目标，全面增强社会共建共享协同力。城乡居民收入稳步增长，社会保障、救助体系健全完善，创新提出全域治理理念，制定出台推进全域治理一系列政策举措；初步构建了党建引领，自治、法治、德治三治融合，共建共享、共治共管、共同缔造的“一核三治五共”治理体系，获评浙江省“县域社会治理十佳”、浙江省“社区治理和服务创

新实验区”“2019 中国最具幸福感城市”全域治理优秀案例。

近年来，鄞州区社会民生持续改善，发展成果更加显著。鄞州始终坚持以人民为中心的发展思想，大力推动公共服务的优质普惠、社会保障的全面覆盖、民生政策的对接融合，以教育、文化、医疗、养老等为重点，不断提高公共服务供给能力，打造宜居宜业宜游的幸福家园。就业方面，加大就业帮扶、鄞企稳岗保障力度，城镇登记失业率为 1.5%。医疗救助方面，基层医疗机构全部纳入医共体建设，新增国家卫生镇 5 个，建成医养融合健康服务 E 站 30 家，退役军人服务保障体系、医保基金监管更趋完善，慢性病门诊药品扩大到 1150 种。卫生信息化工作获评全国先进。新建区未成年人救助保护中心，镇（街道）“残疾人之家”实现全覆盖。养老方面，创新实施“爱心车轮”老年助残服务慈善项目，获评国家智慧健康养老示范基地，家院互融养老服务体系入围全国乡村振兴优秀案例。教育方面，教育资源合理配置，在“品质教育 学在鄞州”发展定位引领下，优质均衡教育体系全面建立，义务教育各项指标全省领先，全面实行小学放学后校内托管，获评省智慧教育试点区、语言文字规范化区、全国“两基”工作先进区、首批义务教育发展基本均衡区。区域内还有浙江大学宁波校区、宁波诺丁汉大学、浙江万里学院等高等院校，为区域经济社会快速发展提供源源不断的人才和智力保障。

注重创新规范基层权力，推进基层公权力“三清单”运行法城乡全覆盖。学习借鉴宁海小微权力“36条”等经验，建立基层公权力责任清单、权力清单、负面清单和运行流程图“三清单一流程”，实施范围从行政村向社区、合作社延伸，实现城乡全覆盖。同时，发挥村监会“村级纪委”作用，真正以“群众明白”还“干部清白”。城乡基层公权力“三清单”运行法的推行，是鄞州区着力打造全国基层公权力运行样板区和全域社会治理标杆区的重要工作内容。鄞州区基层公权力“三清单”运行法撬动全域社会治理创新案例获评2019年全国“创新社会治理典型案例”十佳。

发布全国首个县域社会治理指数模型，以激发基层社会治理活力。网格覆盖率达到100%，行政村法律顾问覆盖率达到100%。创出了一批经验方法。划船社区“365社区服务工作法”、湾底村“幸福指数工作法”、陆家堰“契约式治理”、陈黄村“书记一点通”等品牌成为典型。充分发挥群众的智慧和力量，做到共建共享、共治共管、共同缔造。强化民主法治，在全国先行开展共青团和青联组织建设、家事审判、未成年人一体化保护等试点，在浙江率先开展政协“请你来协商”、乡镇行政综合执法等试点，拥有国家级民主法治示范村社4家，明伦村成为全国民主法治建设起源地。深化群众自治，学习借鉴象山“村民说事”等做法，创新建设说事长廊，村里的大事小事让群众说、大家议、干部办，形成群众点单、干部收单、镇村办单、区里督单、群众签单的闭环解决机制。创新群众参与方式，以群众出资出力等方式，引导群众参与卫生保洁、新村建设等，同时发挥村民负面道德清单、村规民约等约束作用，做到民事民议、民办、民管。

探索建立“AI全域化执法”新型城市管理模式，加强城乡精细化管理，中心城区智慧城管网格实现全覆盖。落实“执法进小区”，突出问题实行重点执法监管，物业管理、全装修质量监管进一步加强。推进退红空间改造、桥下空间利用、违章停车整治等工作，251个小区划定油烟类餐饮禁设区域。积极破解渣土处置难题，全面推行生活垃圾“撤桶并点”，生活垃圾分类实现城区全覆盖。

创新要素配置路径。提高财政资金绩效，整合涉农资金8.3亿元，实现预算绩效管理部门全覆盖，“三公”经费下降14.3%。实施全面深化国有企业改革三年行动，围绕城市资产经营、交通产业、小微企业园开发和城中村改造等领域，积极推进资产注入、整合重组、对外合作，形成以四大国企集团为核心的鄞州国企集群。制订土地储备三年滚动计划，推进全域土地综合整治试点，完成第三次全国国土调查。

社会和谐稳定离不开有效防控重大风险。鄞州区在全省率先建设社会风险评估工作服务网，加快推动矛盾纠纷化解向“最多跑一地”延伸，在区级层面，建成总建筑面积7000多平方米、涉及16个部门的全域治理综合服务中心，设立集信访受理、信访代办、纠纷受理、公证仲裁等于一体的一站式信访超市，信访网上代办、走访代办时间分别不超过7个、15个工作日，赴省进京越级访创历史新低；在镇级层面，推进“律云”工作站建设，由律师、公证员、人民调解员、心理咨询师等组成“律云”服务队，每个乡镇每年的诉讼件下降100件左右。以“178”网络社会柔性治理模式为主的“网上枫桥经验”得到中央政法委的肯定，“老潘警调”成为司法部部级样板，它以全国模范人民调解员潘明杰名字命名，是“枫桥经验”在鄞州创新发展的典型。在区级设立“老潘警调中心”，镇级设立“警调工作室”，形成“老潘 + 小潘”“远程 + 上门”“线上 + 线下”的工作格局，95%以上的110警情纠纷实现就地化解。成功创建“无欠薪”区。积极开展安全生产和消防安全整治工作，加强组织应急演练，实施“两小一危”、交通安全、工业厂房改建公寓楼等集中整治，火灾、亡人交通事故、安全生产事故数均呈下降趋势。发布餐饮行业“红黑榜”，首创公益性食品安全预防措施保险，建成食品安全追溯联动平台。

◎ 绿色发展 自然生态美好

鄞州区牢固确立“城乡统筹、绿色发展”的理念，以全域景区化、城乡一体化、美丽长效化为目标，全面增强区域发展可持续力。背靠青山，面朝绿水，鄞州区空间形态多样，既有繁华城区又有美丽乡村，是国内少有的兼具江、城、湖、山、海元素的地区之一，是浙江省级生态区。近年来，鄞州区紧紧围绕“全域美丽”目标，大力践行“绿水青山就是金山银山”理念，持续打好“五水共治”“三改一拆”、小城镇环境综合整治、垃圾分类、乡村振兴、大气污染防治和“森林鄞州”建设，令生态美丽的脚步穿城入乡，美丽的生态画卷徐徐展开。

乡村振兴风帆劲，美丽农村焕新颜。鄞州区大力开展美丽乡村建设，全面改善农村生态环境、人居环境、发展环境和治理环境。城乡生态绿色宜居，发展环境更加优化。

行政区划调整后，鄞州区城乡形态更加紧凑精致，一湖居中，半城半乡，自然条件优越、资源禀赋丰富。东部新城核心区域展现形象，南部新城重点区域基本建成，城中村、棚户区、危旧房改造取得重大突破，城乡配套设施不断完善。美丽镇村建设特色化推进，成为中国美丽乡村建设示范县，获得省乡村振兴考核先进县区称号。生态环境治理成效显著，“五水共治”获得全省最高荣誉“大禹鼎”，成功创建为省级“清三河”达标区、省级生态区。

启动实施了生态建设“十百千万”工程。大力推进十大风情镇、百个特色村、千里游步道、万亩农业园建设，全域通过小城镇环境综合整治省级验收，入选省级样板镇 4 个，东吴获评全省小城镇环境综合整治行动突出贡献集体。获评省级美丽乡村示范镇 1 个、特色精品村 3 个及市级示范镇村 8 个、风景线 1 条，建成美丽宜居村 20 个、美丽庭院样板村 9 个。新增省数字农业工厂试点示范主体 2 家、市级多彩农业美丽田园示范基地和现代农业庄园各 3 个，咸祥、横溪获评省级特色农业强镇，“三位一体”农合联改革获评省级先进，成为省级农业绿色发展先行区。富饶秀美、宜业宜居的乡村图景逐步成为现实。

强力推进治污拆违。开展治水拆违双百攻坚行动，实施洗车行业污水排放、餐饮油烟扰民等专项整治，PM2.5 平均浓度为每立方米 30 微克，下降 11.8%。加快“污水零直

排区”建设，推进截污纳管、雨污分流和管网建设，30条城区河道基本达到清澈见底，3条河道通过省级“美丽河湖”验收，区控以上断面水质功能达标率为91.7%，创20年来最佳，顺利通过国家黑臭水体专项暗访督查。推进“无违建”创建，积极整治新增违建、涉水违建、别墅违建，全面完成“大棚房”问题专项整治。

高标准开展农村环境卫生整治。及时制定、印发《鄞州区农村环境卫生整治工作考核办法》，实行以奖代补，并将考核结果与评优评先、项目奖补、村脱产干部的收入待遇、相关创建及建设项目相挂钩。组织开展第三方测评，建立“红黑榜”制度，根据考核结果进行通报或约谈。“四无一机制”（路面无垃圾、河面无漂浮物、田间无废弃物、庭院无乱堆放，建立健全农村环境卫生保洁长效机制）得到不断深化，所有村均实现常态化保洁，网格化管理覆盖率达100%，长效保洁机制普遍建立。

抚今追昔，意在登高望远；知往鉴今，重在开辟未来。2020年，是高水平全面建成小康社会的决胜期。鄞州区高举习近平新时代中国特色社会主义思想伟大旗帜，全面贯彻落实中央和省委、市委、区委部署要求，以全域治理为牵引，以改革创新为主线，大力开展全面深化改革年、高质量发展突破年、全域治理先行年“三个年活动”，组织实施一体化极核打造、产业能级倍增、创新活力倍增、改革动力倍增、制约破解提效、社会治理提能、幸福城市提质“七大行动”，坚定实施科教兴区战略、人才强区战略、创新驱动发展战略、乡村振兴战略、区域协调发展战略、可持续发展战略、军民融合发展战略，大力实施“名城强区”战略，革故鼎新，奋进攀高，推进鄞州高质量发展领跑领先，着力打造创新引领的标杆、都市经济的标杆、品位都市的标杆、美丽生态的标杆、先进文化的标杆、幸福民生的标杆，确保了高水平全面建成小康社会和“十三五”圆满收官，加快跻身全国综合实力百强区前三，在实现第一个百年奋斗目标的征程上树好了鄞州里程碑。

结合国家发展战略，鄞州区分两个阶段高水平全面建设社会主义现代化。第一个阶段，从 2020 年到 2035 年，进一步提升经济综合实力和质量效益、各领域法治化水平、文化软实力、人民群众获得感幸福感安全感、生态环境质量、全面从严治党水平，率先高水平基本实现社会主义现代化，稳居全国一流强区最前列。第二个阶段，从 2035 年到 21 世纪中叶，全面提升物质文明、政治文明、精神文明、社会文明、生态文明水平，实现治理体系和治理能力现代化，人民群众共同富裕水平全国领先，建设成为综合实力更强、发展质效更高、城市品质更优、生态环境更美、人民生活更美好的社会主义现代化强区。

◎ 名优特产

鄞州雪菜。鄞州出产雪菜制品历史悠久。明代鄞县诗人屠本畯曾写道：“四明有菜，名雪里蕻。雪深，诸菜冻损，此菜独青。”腌制雪菜是鄞州地区百姓世代相传的手艺，自古以来就有“纵然金菜琅蔬好，不及吾乡雪里蕻”的说法。鄞州出产的雪菜色泽黄亮、味道鲜美，食之生津开胃，可以单独成菜，可以配海鲜、河鲜及各种肉类蔬菜。宁波有句俗话叫“三日勿吃咸菜汤，脚骨有眼酸汪汪”，可见人们对雪菜的喜爱。因此，鄞州也成为“中国雪菜之乡”。

“鄞红”葡萄。“鄞红”葡萄又名“甬优一号”，其以独特的鲜甜型口味深受消费者的青睐。具有色泽美、果肉硬、易剥皮、味道佳、含糖高、风味鲜、耐贮运等显著特点，多次荣获“浙江省葡萄金奖”和市十佳精品果园金奖、百佳精品果园。

“太白滴翠”茶叶。鄞州自古以来就是茶叶的主产区，晋代的《神异说》和陆羽的《茶经》中均有记载。鄞州茶园主要分布在太白山、白岩山一带，太白山产茶始记于宋代，清代则作为贡茶进献朝廷。清代李邺嗣曾写有“太白尖茶晚发枪，蒙蒙云气过兰香”之句，描绘出太白尖茶味之异、香之奇。“太白滴翠”取自宋代史浩对鄞州茶山的描写“进云佛塔金千寻，傍耸滴翠玲珑岑”，集太白之灵韵，成人间之滴翠，寓意不仅是历史贡茶，更是地域原创名茶。在第九届“中绿杯”中国名优绿茶评比中，“太白滴翠”白茶与绿茶获得了两项金奖和两项银奖。

◎ 旅游名品

天童禅寺。天童风景名胜区是一个以森林、寺庙、奇石、云雾、溪瀑等构成的风景名胜区。天童寺位于鄞州区太白山麓，以“东南佛国”著称于世，是日本佛教曹洞宗的祖庭。天童寺四周群峰叠翠，殿宇金碧辉煌，其规模之恢宏，建筑之精美，为国内罕见。相传晋永康年间，僧人义兴云游至此，结茅诵经，玉帝命太白金星下凡化为童子侍候供奉，遂有太白山和天童寺。唐至德二年（757 年），寺从古天童迁徙至今址，历经毁建，今仍规模宏伟，有殿、堂、楼、阁 720 余间。新建有太白楼餐厅、玲珑阁招待所的天童森林公园，林海莽莽苍苍，植被丰盈，森林景观千姿百态，受到历代文人墨客的青睐。

东钱湖。东钱湖是浙江省著名的风景名胜区，距宁波城东 15 公里，面积 22 平方公里，是浙江省最大的天然淡水湖，面积为杭州西湖的 4 倍。湖四周群山环抱，绿树簇拥；湖中碧水清澈、烟波浩渺。东钱湖开凿至今已有 1200 多年历史，历史遗迹星罗棋布，留下陶公钓矶、霞屿锁岚、二灵夕照等十大胜景，以及南宋石窟“补陀洞天”、元塔二灵塔等 70 余处古迹、21 处文物保护点和 200 余具南宋时期石雕。湖区的胜景还有王安石纪念馆、岳鄂王庙以及台湾文献初祖沈光文雕像、书法泰斗沙孟海书画院、世界昆虫分类学家周尧昆虫博物馆、蝴蝶阁、湖滨公园等。

阿育王寺。该寺位于宁波市区东 20 公里，始建于西晋太康三年（282 年），是我国禅宗名刹“中华五山”之一。寺内珍藏着一座名闻天下的佛祖舍利宝塔，在中外佛教史上享有盛誉，是国内现存的唯一以印度阿育王命名的千年古刹。阿育王寺建筑规模恢宏，占地 8 万平方米，有殿、堂、楼阁、轩等 600 多间，建筑面积 14000 平方米。寺依山而筑，一进入山门，便见天王殿、大雄宝殿、舍利殿、法堂、藏经楼等，建筑结构古朴、庄重，集建筑、雕刻、园林、绘画艺术之大成。阿育王寺保存的珍贵文物众多，其中有元代上、下塔，有唐范的所书大唐阿育王寺常住田碑，宋苏轼撰书宸奎阁碑、宋张九成撰写妙喜泉铭，以及钦赐龙藏经卷 7247 卷。宋高宗、宋孝宗、乾隆皇帝御书“佛顶光

明之塔”“妙胜之殿”和“觉行俱圆”匾额至今仍悬挂于舍利殿。

◎ 重点企业

奥克斯集团

奥克斯集团是中国500强企业、中国大企业集团竞争力前25强、中国信息化标杆企业、国家重点火炬高新技术企业，并为国家工程技术中心和国家级博士后工作站的常设单位，在宁波、上海、深圳、南昌建立了四大研究院，拥有“三星”和“奥克斯”两项跨行业的中国驰名商标和2个中国名牌产品。集团坚持做大做强制造业的产业发展方向，目前已成为在全球电力计量设备和中国家电行业具有较高市场地位、通信行业具有较强竞争力和广阔发展前景的大型企业集团。

杉杉集团

宁波杉杉股份有限公司成立于1992年，自1996年股票上市以来，由国内第一家上市的服装企业转型为新能源上市企业，现有业务覆盖锂离子电池材料、锂离子电容、电池PACK、充电桩建设及新能源汽车运营和能源管理服务等新能源业务，以及服装、创投和融资租赁等非新能源业务，其中新能源业绩成为公司主要的业绩来源及未来发展重点。

中基集团

中基集团是一家集国际化、金融化、产业化于一体，横跨国内外贸易、国际货运、国际招标、汽车营销等产业的大型企业集团，是中国 500 强企业。在进口贸易上，通过结合实体经济不断向产业链延伸，其形成了工贸结合、期现结合、深入产业链及资本化运作健康稳定的新型发展格局。在出口贸易上，惠通外贸综合服务平台，集“互联网 + 外贸 + 物流 + 金融 + 跨境电商 + 海外仓”等为一体，运用多年的丰富外贸经验、科学规范的管理、优质高效的服务及各种最优的资源，为中小外贸企业发展助力，被誉为“来自外贸，更懂外贸”。短短几年，服务客户已达近万家。

紫云县·贵州

紫云旅游资源丰富，民族民俗文化独特，有全国唯一幸存的原始森林“盲谷”，有全球最大容积洞穴——格凸河苗厅，有苗族跳花节、布依族对歌节，还有板贡石刻、和弘州遗址、红色文化等旅游资源，神奇的自然景观与独特的民俗文化相得益彰，构成了一幅完美的风景画卷。

——紫云苗族布依族自治县委书记　程华恩

紫气东来 云蒸霞蔚

作为安顺市唯一的深度贫困县，紫云苗族布依族自治县在决战脱贫攻坚的行动中，创新工作机制，打好“四场硬仗”，补齐“3+1”保障短板，通过强化基础设施，优化种植结构，发展务工经济，开展技能培训，培育特色产业，找到了一条条致富门路，建档立卡贫困人口全部达到脱贫标准。让我们共同走进紫云自治县，看一看它如何实现从贫穷向富裕的华丽转变。

◎ 紫云印象

“紫气东来，云蒸霞蔚。”说的正是紫云自治县。紫云自治县名缘于城郊紫云硐。据清《安顺府志》记载：“紫云硐在城西，硐极幽邃，常有紫气腾于其上；中建佛寺，颇有烟云缥缈之概。”故而得名。紫云苗族布依族自治县位于贵州省西南面、安顺市南部，属安顺市管辖，东邻黔南州长顺县、罗甸县，南连黔西南州望谟县，西接安顺市镇宁自治县，北抵安顺市西秀区。殷周时属鬼方，春秋时为牂牁国属地，战国属夜郎国，秦属夜郎郡，汉属谈指县，唐置降昆县，宋置和武州，元置和宏州，明置康佐长官司，清雍正八年（1730 年）置归化厅，民国二年（1913 年）废厅改县，更名为紫云。1949 年 12 月 5 日，中共安顺地委和专署派李育民等 11 人和平接管紫云自治县，建立紫云自治县

人民政府。1965 年 8 月，紫云自治县划属安顺专区管辖。1966 年 2 月 11 日，建立紫云苗族布依族自治县，是全国唯一的苗族布依族自治县。

山是绿的，水是清的，天空是蓝的。境内旅游资源丰富，这里有国家 AAAA 级风景名胜区格凸河，有依山傍水的拜然民宿，是苗族英雄史诗《亚鲁王》发源地……

夏日，来到紫云自治县格凸河旅游景区，乘船欣赏独特的喀斯特地貌，仿佛在画中游。夜晚，宿在云雾缭绕的攀岩基地酒店，与山水森林互动，与万物和睦共生，颇为惬意。格凸河风景区主要分为四个景区，即妖岩景区、大河景区、大穿洞景区和小穿洞景区，集国家级风景名胜区、国家自然与文化双遗产名录、国家地质公园、国家攀岩训练基地、贵州省文明风景区、贵州省环境保护教育基地等于一身。利用丰富的喀斯特自然资源优势，紫云大力打造格凸“蜘蛛人”、攀岩文化、亚鲁王文化的旅游品牌，自 2011 年以来，连续成功举办六届攀岩挑战赛和两届全国攀岩（精英）挑战赛暨亚鲁王文化旅游节，连续两年成功举办格凸国际攀岩交流大会。紫云格凸，被国内外专家誉为“国际攀岩圣地、国家攀岩公园”。曾经先后三次到过紫云考察的法国科学院院士、地理学教授理查德·迈耶说：紫云格凸河喀斯特地貌，是世界上最美的地方之一。

紫云旅游资源总量丰富，特色突出。类型多样，自然景观与人文景观兼具，除了格凸河景区，有黄家湾、洗鸭河等自然景区，还有红军长征经过紫云过程中留下的宝贵红色旅游资源等，全县共有旅游资源单体 1120 个，其中可开发的旅游资源 922 个，优良级旅游资源单体 112 个。

◎ 脱贫攻坚的紫云行动

近年来，紫云自治县始终把脱贫攻坚作为首要政治任务、头等大事，凝心聚力、尽锐出战、攻坚克难，脱贫攻坚连战连捷，群众获得感、幸福感明显增强。紫云人民战天斗地、摆脱贫困的艰辛历程，诠释了“不怕困难、不甘落后、不断进取”的紫云精神。总体实现了转变农村基础设施奠定乡村振兴发展基础，转变传统生产方式奠定现代农业产业基础，转变疏远的干群关系奠定乡村治理基层基础，转变落后生活习俗奠定农村乡风文明基础的“四转变四奠定”。

坚决扛起重大政治责任。紫云自治县是国家级深度贫困县，是全国挂牌督战的 52 个贫困县之一，是全省脱贫攻坚主战场，全县始终把确保按时高质量打赢脱贫攻坚战作为守初心担使命的最重要、最直接体现，作为最大的政治、最重的任务、最严的责任。一是提高政治站位。始终把学习贯彻习近平新时代中国特色社会主义思想、习近平总书记关于扶贫工作的重要论述作为筑牢“四个意识”、坚定“四个自信”、践行“两个维护”的具体体现，作为确保按时高质量打赢脱贫攻坚战的行动指南，作为践行决战脱贫攻坚、同步实现全面小康这一庄严承诺的根本遵循。二是强化工作举措。始终把打赢脱贫攻坚战作为千载难逢的历史机遇，作为新时代紫云人肩负的光荣使命和各级干部的严峻考验，深入推进脱贫攻坚责任落实、工作落实、政策落实，多次召开专题会议研究脱贫攻坚工作，制定出台了《关于落实大扶贫战略行动坚决打赢扶贫攻坚战确保同步全面建成小康社会的实施意见》《关于深入实施打赢脱贫攻坚战三年行动发起总攻夺取全胜的实施意见》《紫云自治县脱贫攻坚挂牌督战工作方案》等文件，通过强化基础设施、优化种植结构、发展务工经济、开展技能培训、培育特色产业等方式，扎实有序推进脱贫攻坚各项工作。三是深入推动工作。县委、县政府主要负责同志带头深入全县各乡镇（街道）和贫困发生率在 20% 以上的村逐一调研，逐一制定攻坚方案，以抓具体、抓深入的工作作风下足“绣花功夫”，帮助解决贫困群众“两不愁三保障”等突出问题。县委班子率先垂范，分片区把常委会开到乡镇（街道），面对面解决各乡镇和驻村干部在脱贫攻坚工作中存在的困难和问题。

始终推动干部尽锐出战。紫云自治县强化组织领导，加强队伍建设，转变干部作风，调集精兵强将聚焦脱贫攻坚主战场，在实践中前行，超常规努力、超常规付出，坚决啃下脱贫攻坚“硬骨头”。一是坚决健全攻坚体系。严格落实党政“一把手”负总责的脱贫攻坚责任制，着力完善县、乡、村脱贫攻坚指挥体系，成立了以县四大班子主要负责同志任指挥长的脱贫攻坚总决战指挥部，横向成立 17 个工作专班，抽调精兵强将集中办公，纵向将全县 13 个乡镇（街道）划分为 13 个脱贫攻坚战区，由四大班子成员担任战区长，村设前沿指挥部，由副科级领导担任指挥长，建立健全三级指挥体系，切实形成攻坚合力。二是坚决配强攻坚力量。适时对乡镇和村级班子进行研判并进行调整充实，整合省、市、县、乡帮扶力量，组建 162 个同步小康驻村工作组，选派优秀干部到 162 个村担任第一书记，增派 1300 余名业务骨干驻村蹲点帮扶，6000 余名干部结对帮扶贫困户。按照省委挂牌督战要求，在省、市对紫云自治县挂牌督战的基础上，组织县、乡两级干部对 162 个行政村实行全覆盖挂牌督战，推动干部以更严、更实、更细、更紧的作风落实脱贫攻坚政策。三是坚决压实攻坚责任。县委书记、县长履行“第一责任人”

责任，切实当好“施工队长”，靠前指挥、一线督战，各乡镇（街道）履行扶贫主体责任，各县直部门履行行业主管责任，实行部门（单位）、乡镇（街道）、村（居）捆绑问责、有责共担、失责同究，推行工作倒逼、时间倒排、责任倒查，全面压实全县各级各部门脱贫攻坚责任。

全面夯实脱贫攻坚基础。按照“缺什么补什么”的原则，用足用好国家每一项扶持政策，努力使每一笔扶贫资金、每一种扶贫资源都发挥最大效益，各村普遍改造了基础设施，加强了基本公共服务，改善了人居环境，解决了上学难、看病难、住房难、吃水难、行路难、通信难等民生问题。一是教育得到全面保障。投入项目建设资金，新建、改（扩）建学校 186 所；全面落实各项教育资助政策，发放各类教育学生资助 9.92 万人（次）1.09 亿元；落实“七长”责任制和“控辍保学”工作制度，确保了贫困户家庭义务教育阶段适龄儿童“一个都不能少”。二是医疗得到全面保障。全县 13 个乡镇（街道）和 162 个村全部建成标准化卫生院、卫生室，三重医疗保障全面落实，建档立卡贫困人口参保率达到 100%。三是住房得到全面保障。全面完成省级下达的 17564 户农村危房改造和 870 户透风漏雨整治改造任务，县级自筹资金，实施危房改造和透风漏雨整治，实现了住房安全保障全覆盖。四是饮水安全得到全面保障。实施农村饮水安全项目 536 处，建成小水窖，安装小水窖净水器，全面解决农村饮水安全问题。五是社会兜底得到全面保障。建立民政部门和扶贫部门“三共同”衔接机制，充分用好兜底保障一批的政策，确保政策到户到人，落实到位。六是基础设施更加完善。建设通村油路、通组公路，形成了乡乡通达、村村通畅、组组通连的交通格局，“行路难”的切身之痛已成为历史的记忆；完成 163 个自然村寨电力改造升级，全县农村供电可靠率达 99.89%，解决了惠民产业、脱贫产业、致富产业用电难的问题；加大通信基站和独立物理基站建设，全县所有村（社区）4G 网络覆盖率和光纤覆盖率达 100%。七是扶贫资金使用更加有效。进一步加强资金使用和管理，确保每一分钱都用在脱贫攻坚上，都产生实实在在的收益。全县投入专项扶贫资金和社会扶贫资金累计达 28.07 亿元，实施各类扶贫项目 1717 个，资金使用管理精准性、有效性、规范性不断提高。八是易地扶贫搬迁成效更加凸显。全面完成易地扶贫搬迁项目建设，建成 10 个安置点，搬迁入住 4862 户；新设立 1 个街道办事处、6 个社区居委会，配套建设中小学校、卫生院、扶贫车间和就业创业服务中心。

因地制宜抓产业促增收。发展产业是稳定脱贫的根本措施和长久之策。紫云自治县围绕“靠什么脱贫、在哪里增收”进行充分论证，制订产业规划，不断增强贫困群众的“自我造血”功能，促进农民持续增收。一是明确产业思路。以全县 12 个 500 亩以上坝区提质增效和坡耕地结构调整为重点，结合实际提出了提升原有生态茶叶、红芯红薯、精品水果三大优势产业和壮大蔬菜产业、林下经济的“三提升两壮大”的产业发展思路，组建特色产业发展专班，推动产业发展见实效。二是做实做优产业。按照宜种则种、宜养则养的原则，大力推动红芯薯、红辣椒、菜芯“两红一芯”主导产业规模化种植。同时，充分利用紫云丰富的林业资源，发展林下菌、林下鸡和林下蜂。借力生态优势，把发展林下经济作为推动绿水青山变成金山银山的根本路径，让绿水青山成为全县人民的“幸福不动产”和“绿色提款机”，得到了贵州省委、省政府主要领导同志的充分肯定。持续抓好养殖业发展，养殖牛、生猪和生态鸡，建成百万羽鸡苗孵化场和白条鸡生产线，基本实现村村有产业、户户有增收。三是抓好产销对接。组建由县领导担任专班长的农产品销售专班，在巩固好与省蔬菜集团、贵州秀辣天下、贵阳市农投集团等订单关系，稳定大湾区、上海及广州等原有销售渠道的基础上，充分利用对口帮扶、定点帮扶等，做好农特产品的对口销售，加大线上线下销售力度。大力实施农产品“七进”（进校园、进机关、进医院、进企业、进军营、进社区、进超市）活动，借助紫云籍宁夏种

植人员开拓销售渠道做好订单链接，加强项目后续管理并进行跟踪问效，做好深加工储藏、冷藏、物流等基础性工作，确保产品稳定上市。四是抓好产业风险防控。为确保种养殖产业因自然灾害带来的风险能够降到最低，县级统筹1000余万元，分别与太平洋保险公司、国元农保贵州分公司、中国人保紫云分公司签订了红芯薯、红辣椒、佛手瓜等农产品收入保险和灾害保险投保协议，做到应保尽保，确保农户利益不受损失。五是强化利益联结。按照“龙头企业＋合作社＋农户”模式，成立县级平台嘉禾香公司，引领镇村公司、村合作社规模化发展农业产业，引回宁夏紫云籍蔬菜种植能手组建4家龙头公司，全面推行“村社合一”建设及规范营运，组织所有贫困户加入合作社，精准建立“721”分红模式，按照收益的70%用于脱贫户分红，20%支持村集体经济发展壮大，10%受益对象为参与产业生产环节务工的贫困户和参与产业订单合作的贫困户二次劳务奖补。

强力拓宽脱贫增收渠道。坚持把促进贫困人口就业增收作为打赢脱贫攻坚战的重要内容，把增加就业作为最有效、最直接的脱贫方式。特别是针对疫情对务工就业的影响，紫云自治县主要采取点对点输出、组织集中外出、给予路费补贴等方式，组织外出务工就业，同时做好跟踪对接和服务，确保稳岗就业，让贫困劳动力端稳就业的“饭碗”。一方面，扎实提升务工就业的组织化程度。由县委、县政府总体统筹，主要领导亲自抓，健全完善县级劳务公司工作架构，成立13个乡镇（街道）劳务合作社、3个易地扶贫

搬迁安置点劳务合作社、162 个村级劳务服务站，每村至少明确 1 名劳务经纪人，形成县、乡、村三级一体化推动务工就业的组织体系。另一方面，充分拓宽因人施策的就业门路。紧盯建档立卡贫困户、易地搬迁户、边缘户三类重点人群，逐户逐人进行分析研判，在做好干部下沉服务到户、信息上线服务到人、主动上门服务到家、全程跟踪服务到岗“四服务”的基础上，在全县打造务工就业“四族”阵营。组织青壮年外出务工形成“外出务工族”；因人施策组织参加“公益十岗”形成“在家上班族”；采取政府组织劳务公司包接包送的方式，组织在家劳动力到坝区等产业项目点务工形成“田园工薪族”；通过家乡产业宣传和政策扶持，引导致富能手返乡带头发展产业，形成“返乡创业族”。通过“四族并进”，精准匹配，着力做好建档立卡贫困户、易地扶贫搬迁户和边缘户三类重点群体家庭劳动力就业保障，实现有劳动力家庭至少一人以上稳定就业。

不断凝聚脱贫攻坚合力。紫云自治县千方百计更加坚定、更加广泛、更加有效地动员和凝聚各方面力量参与脱贫攻坚。一是对口帮扶成效明显。始终深入贯彻习近平总书记关于东西部扶贫协作系列讲话精神，多层次、多形式、全方位抓好与青岛即墨区对口帮扶协作各项工作，在山与海之间建立了深厚的友谊。二是定点帮扶成效明显。深化中国航空工业集团有限公司、贵阳经开区、省卫健委、贵州电网公司等对紫云自治县的定点帮扶，引导帮扶资源向深度贫困村聚焦，最大限度凝聚攻坚合力。三是社会帮扶成效明显。大力推进民营企业“千企帮千村”精准扶贫行动，动员和组织广大非公有制经济人士积极参与脱贫攻坚行动。

不断探索贵州战法的紫云行动。在脱贫攻坚工作中，紫云自治县不断开拓进取、改革创新、集思广益，注重积累经验和做法。一是全面开展“三下沉三到家”行动。开展县级领导下沉到部门、部门干部下沉到项目点、乡镇干部下沉到村到组的“三下沉”行动，进一步压紧压实脱贫攻坚责任，解决群众发展难题，逐个破解工作瓶颈、补齐工作短板。开展帮扶干部到贫困户家同吃一餐饭、做一次家务、理清一条发展门路的“三到家”行动，提升结对帮扶工作质量，为按时打赢脱贫攻坚战提供强有力的保障。二是打造就业脱贫新“四族”。紫云自治县牢牢把握劳务就业扶贫工作主动权，坚持发展产业吸纳一批、劳务输出一批、返乡创业带动一批、公益性岗位安置一批，在全县打造务工就业“四族”阵营，答好疫情防控“加试题”，形成人人有活干、户户有增收的良好局面，为按时高质量打赢脱贫攻坚战奠定坚实基础。三是立足生态优势“三坚持三联动”

发展林下经济。牢固树立“绿水青山就是金山银山”的理念，紧紧依托丰富的森林资源优势，采取“坚持县级统筹、林社联动，坚持以点带面、点面联动，坚持绿色发展、林产联动”的“三坚持三联动”模式，大力发展林下中草药、林下菌、林下鸡、林下蜂等林下经济，利用生态资源发展林下经济的做法为全省林下经济破题发展提供了“紫云模式”。四是组建“扶贫加油站”激发群众内生动力。按照“四个一点”（县级财政投一点、社会力量帮一点、慈善机构捐一点、爱心人士献一点）的方式，在每个行政村全覆盖建立了“扶贫加油站”，储备了贫困群众日常生活所需的米、油、衣、桌、凳等，通过每月村组的“院坝会”，对每家每户开展文明评议，在评议过程中积极宣传党的好政策，并通过建立积分兑换制度，鼓励贫困群众通过劳动成效来获取物资奖励，以此推动扶贫与扶志、扶智相结合。在推动乡风文明建设的同时，不断增强贫困群众的获得感，激发群众参与脱贫攻坚的内生动力。五是“三个三”深化感恩教育，提高认可度和获得感。在全县采取“干部入户、广播有声、政策上墙、活动下乡、媒体有影、院坝有会、学校有课、手机有信”等方式，广泛宣传脱贫攻坚政策和成效，让群众熟知脱贫攻坚带来的“三个好、三个得、三个有”，即生活条件“三个好”（出门路随好、家头房随好、做饭水随好）；国家政策“三个得”（生病住院得报销、小娃上学得补助、生活困难得低保）；产业就业“三个有”（在家招呼有活干、外出打工有收入、勤劳致富有奔头），切实讲好紫云脱贫好故事，传递紫云脱贫好声音，进一步引导群众感党恩、听党话、跟党走，全县广大群众感恩总书记、感恩党中央的氛围越来越好、越来越浓。六是“四大工程”全

面夯实党建基层基础。实施党员旗帜引领工程，开展“万名党员进党校”三年行动，实施村干部学历提升工程，优化党员干部综合能力素质；实施基层战斗堡垒夯实工程，建立“五个一”整顿机制，持续开展软弱涣散村党组织集中整顿，实行先进村结对帮扶后进村，实施“三把关三统筹”，抓实村“两委”班子队伍建设，全面提升基层党组织脱贫攻坚能力；实施经济杠杆撬动工程，组建 162 个村党组织领导下的“村社合一”农专社，把村民组织起来，抱团发展，充分发挥财政专项资金四两拨千斤的撬动作用，最大限度盘活农村闲置资源，实现村级集体经济全面发展壮大；实施示范带动工程，全面完成村级组织活动场所“五小”建设，全面开展党支部标准化规范化建设，实现各领域党支部建设提档升级，推动组织资源转化为脱贫攻坚资源、组织活力转化为脱贫攻坚动力，实现脱贫攻坚与基层党建“双推进”，为全县脱贫摘帽、建成全面小康社会提供坚强的组织保障。

◎ 名优特产

格凸精米。格凸精米为原生态培育，不添加农药或任何化学物质，精加工、精筛选，颗粒铮亮，口感好，有营养。黄鹤营公司已经在紫云自治县（格凸河）、猴场、白石岩、火花等乡镇建立了“格凸精米”生产基地，年产量约 500 吨，产品深受消费者喜爱。

薏仁米。薏仁米又名珠珠米，产于紫云自治县板当镇硐口村，甘甜微寒，有利于消肿、健脾去湿、舒筋除痹、清热排脓等功效，为常用利水渗湿药。主要成分为蛋白质、维生素 B_1、维生素 B_2，有使皮肤光滑、减少皱纹、消除色素斑点的功效，长期饮用能治疗褐斑、雀斑、面疱，为上等的保健食品，昵称“人生汤圆”，该产品已远销海外市场，年产量约 5000 吨。

红芯红薯。红芯红薯含有大量的糖、蛋白质、脂肪和各种维生素及矿物质，经过蒸

煮后，部分淀粉发生变化，与生食相比可增加 40% 左右的食物纤维，能有效刺激肠道蠕动。含有大量黏液蛋白，能够防止肝脏和肾脏结缔组织萎缩，提高机体免疫力，预防胶原病发生。此外，红芯红薯还具有消除活性氧的作用，活性氧是诱发癌症的原因之一，故其抑制癌细胞增殖的作用十分明显。红芯红薯中的绿原酸可抑制黑色素的产生，防止雀斑和老年斑的出现，还能抑制肌肤老化、保持肌肤弹性、减缓机体的衰老进程。

宗地花猪。宗地花猪主要产于紫云自治县宗地镇，是紫云南部地区乡镇的"当家猪种"。宗地花猪体型中等偏小，毛色黑白，四肢花，腰及颈部、额心、尾尖呈白色，其余部分为黑色。喜欢吃青草，耐粗饲料适应性强，易育肥，肉质好，皮薄，是肉脂兼用型猪种。育肥猪年产量约 13 万头，出栏平均体重约 110 公斤。

宗地紫皮大蒜。该蒜因盛产于紫云自治县宗地镇而得名，是宗地镇的传统经济作物之一。其特点主要有紫皮，瓣大，鳞茎，辣味浓，食口性好，具有杀菌和抑制细菌的功效。该产品于 2008 年 8 月 1 日申注"宗地大蒜"商标，年产量约 100 万斤。

小米油桐。紫云历来为桐油主产区，享有"桐油之乡"的美称，传统产品称为"小米桐油"，广泛分布在县境内各个乡

镇，其中火花镇、四大寨乡产量较大，桐籽年总产量在 4000 吨以上，桐油产量高，质量享誉国内外，曾被评为“国标二级”桐油。

山苍子。山苍子又名木姜子，产于紫云自治县猴场镇，俗称“麻山珍珠”，年产量约 200 吨（鲜籽）。气味芳香，回味悠长，具有平喘、抗过敏、抗心律失常、抗血栓、抗菌、抗病毒等药理作用。

◎ 自然资源

矿产资源。紫云自治县境内已探明地下矿藏有 10 余种，以非金属矿为主，主要有大理石、煤、陶土、石膏、方解石、冰洲石、石灰岩、锰、萤石、铅、锌、锑、铜、石英、重晶石和汞等，其中大理石是重要的优势矿产，主要分布于北部猫营和南部猴场 2 处，7 个矿区，C+D 级储量 943 万立方米，已发现的品种有 12 个，尤以“杨柳青”系列品种在市场享有较高声誉，开采条件好、剥离量小、成材率高、交通运输方便。通过招商引资建成的顺成大理石厂，产销两旺，势头良好，产品是居室难得的装饰材料。石灰岩是县内丰富的资源，黏土较丰富，是硅酸盐水泥生产的重要材料。

水能资源。紫云自治县境内河流多穿流于崇山峡谷之中，加之地势起伏变化，水流落差大，水能资源丰富，理论发电蕴藏量为 12.58 万千瓦，可开发电量 11.95 万千瓦，开发率高且条件好，尤以格凸河为优。格凸河在县境内长 78.70 千米，落差 448 米，发电蕴藏量 8.80 万千瓦，可实行梯级连续开发，集发电、水库灌溉、旅游为一体。已开发的发艾、格八、板母等 3 处电站装机容量 7600 千瓦，小穿洞电站 8000 千瓦已发电上网，尚待开发的有大穿洞、黄家湾水库及坝后电站等，装机可达 5.4 万千瓦。

动物野生资源。紫云自治县有国家二类保护珍稀动物猕猴、林麝、穿山甲，三类保护动物大灵猫、红腹锦鸡、蛇等。属于国家重点保护的珍稀树种有榉木、杜仲、翠柏、檫、楠、马蹄荷、红豆杉等。县内有各类药材 1700 余种，常见的有杜仲、黄檗、银杏、天麻、三七、砂仁、黄连、金银花、灵芝、蛇莲、半夏、天门冬、通草、茯草、龙胆草、百合等 271 个品种。